Josef F. Justen

Eine Brücke zwischen Lebenden und Verstorbenen

Das Erleben und Wirken der Seele nach dem Tod und ihre Beziehung zu den Hinterbliebenen

AF175338

Bibliografische Information der Deutschen Nationalbibliothek:
Die Deutsche Nationalbibliothek verzeichnet diese Publikation
in der Deutschen Nationalbibliografie; detaillierte bibliografische
Daten sind im Internet über dnb.dnb.de abrufbar.

© 2022 Justen, Josef F.

Titelfoto: Foto auf pixabay

Herstellung und Verlag:
BoD – Books on Demand, Norderstedt

ISBN: 978-3-7568-4376-3

Der Tod macht dich so still,
dass Gott dich hören kann.
Im Tod fängt unser Ich ja erst zu klingen an.

Der Tod, was ist der Tod?
Ein Spender tiefsten Seins.
Man fällt nicht aus der Welt,
man wird mit ihr erst eins.

Theowill Uebelacker

Inhaltsverzeichnis

Vorwort

Der Tod ist etwas, dem die wohl meisten Menschen, sofern sie den Gedanken an ihn nicht gänzlich verdrängen, nur mit Angst und Schrecken entgegensehen. Sie würden sich wünschen, sehr viel länger – am besten ewig – auf der Erde zu leben. Dass sich heute so viele Menschen vor dem Tod fürchten, basiert im Wesentlichen darauf, dass man einfach nicht weiß, was nach dem Tod geschieht. Es ist also die Angst vor dem Ungewissen. Immer wieder kann man hören: »Was nach meinem Tod sein wird, kann keiner wissen!« So zieht man es vor, dem Gedanken an die eigene Sterblichkeit keinen Raum zu geben.

Wann immer wir aber in unserem Leben mit einem Todesfall konfrontiert werden, insbesondere wenn ein Angehöriger oder guter Freund stirbt, wird uns die Tatsache, dass unsere irdische Existenz endlich ist, schonungslos vor Augen geführt. Aus der diesseitigen Perspektive betrachtet stellt der Tod ein definitives und unwiderrufliches Ende dar. Der Verstorbene wird *in dieser Gestalt* nie wieder auf der Erde wandeln. Sein physischer Körper wird zerfallen und schließlich ganz verwesen. Wem von uns wären in einer solchen Situation nicht schon einmal Fragen durch den Kopf geschossen, die wir ansonsten nur allzu gern in unseren tiefsten Seelenschichten verschlossen halten, weil sie *scheinbar* so rein gar nichts mit unserem alltäglichen Leben in einer hoch technokratischen Gesellschaft mit ihren vielen sozialen Spannungsfeldern zu tun haben. Jetzt brechen die »großen Sinnfragen« aus ihrem ›Seelenkerker‹ aus und dringen in unser Tagesbewusstsein vor:

➤   *Wo wird die Seele des Verstorbenen jetzt sein?*

➤   *Was wird der Mensch nach seinem Tod alles erleben und durchzumachen haben?*

➤   *Kann es ihm zum Nachteil gereichen, dass er, als er noch lebte, nicht an ein Leben nach dem Tod geglaubt hat?*

➤   *Hat der Verstorbene noch ein Interesse an der Erdenwelt und den dort zurückgelassenen Menschen?*

➤   *Wie können wir als Hinterbliebene ihn auf seinem nachtodlichen Weg unterstützen?*

… und viele mehr.

Oftmals dauert es nur wenige Tage, dass uns diese Fragen einfach keine Ruhe lassen wollen. Dann werden wir wieder vom Getöse und der Hektik unseres Alltagslebens ergriffen und von der Vielzahl unserer täglichen Pflichten in Beschlag genommen. Die Beschäftigung mit solchen Fragen scheint mit dem heute herrschenden Zeitgeist nicht vereinbar zu sein.

Allerdings lassen sich diese essentiellen Fragen auf Dauer nicht verdrängen. Sofern wir nicht voll und ganz in den vielen Nichtigkeiten und Banalitäten des Lebens aufgehen, werden sie immer wieder einmal an die Schwelle unseres Bewusstseins gespült.

Es gibt heute viele spirituelle und okkulte Strömungen, die sehr ausführlich über das nachtodliche Leben des Menschen berichten und somit Antworten auf die obigen Fragen geben können. Die aus unserer Sicht umfassendsten und stimmigsten Darstellungen über das Leben nach dem Tod finden sich in der anthroposophisch orientierten Geisteswissenschaft – kurz »Anthroposophie« –, die der große Eingeweihte und Geisteslehrer *Dr. Rudolf Steiner* vor rund 100 Jahren der Menschheit geschenkt hat. Daher werden wir uns in diesem Buch auch ganz wesentlich an den Forschungsergebnissen Rudolf Steiners orientieren, ohne jedoch andere Quellen zu vernachlässigen.

Wir wollen versuchen, in diesem Buch Antworten auf die obigen Fragen zu geben. Diese Antworten sind wichtig, damit wir einen festen Halt und eine Orientierung für unser gesamtes Leben finden können. Wir werden sehen, dass der Tod nichts ist, was wir fürchten müssten. Er ist vielmehr ein großes Geschenk der geistigen Welt! Würden wir nicht sterben, so würden wir uns immer mehr in das Erdendasein verstricken und uns immer mehr von allem Göttlich-Geistigen entfernen und entfremden. So wird uns aber die Gnade zuteil, dass wir nach jedem Erdenleben – also durchschnittlich nach jeweils 70, 80 Jahren – wieder in die Geisteswelt, unsere eigentliche und wahre Heimat, zurückkehren können. Dort kommen wir als Geist unter Geistern mit den erhabenen Wesen der verschiedenen Engelreiche zusammen und können zunächst unser abgelegtes Leben aufarbeiten und uns schließlich das Rüstzeug und alle Impulse erwerben, um gestärkt in eine neue Inkarnation zu schreiten, in der wir weiter an unserer geistig-seelischen Entwicklung und Vervollkommnung arbeiten können.

Zunächst werden wir in Kapitel 1 beschreiben, was ein Verstorbener in den ersten Jahrzehnten nach seinem Tod in den übersinnlichen Welten erleben wird und welche Aufgaben er dort wahrzunehmen hat.

In Kapitel 2 werden wir sehen, dass die sogenannten »Toten«, obwohl sie in einer ganz anderen Welt bzw. Sphäre weilen, dennoch immer in der Nähe der auf der Erde lebenden Menschen – insbesondere derjenigen aus ihrem Lebensumfeld – sind und dass sie noch ein großes Interesse an der Erdenwelt und den Menschen, die sie zurückgelassen haben, zeigen. Sie können auf vielfältige Weise in die Erdenwelt eingreifen.

Schließlich werden wir in Kapitel 3 erörtern, dass die Hinterbliebenen vieles leisten können, was den Verstorbenen zum Wohle und Segen gereichen kann. Dadurch kann es möglich werden, dass wir eine ganz reale Gemeinschaft mit ihnen bilden können. Es ist für einen Verstorbenen ein höchst schlimmes Erleben, wenn er erkennen muss, dass seine Hinterbliebenen nicht mehr ganz real und konkret mit seiner Existenz rechnen. Ein Verstorbener steht unserem Fühlen in einer ähnlichen Weise gegenüber wie jemand, der lediglich in ein fernes Land gezogen ist.

Anmerkung:

Alle in den Text eingebetteten Zitate Rudolf Steiners sind in einer anderen Schriftart gedruckt, um auf den ersten Blick als solche erkannt zu werden.

Zitate anderer Persönlichkeiten und Schriften sind kursiv gedruckt.

Alle Zitate in diesem Buch sind an die heute gültige Rechtschreibung angepasst.

Es werden keinerlei anthroposophische Kenntnisse vorausgesetzt. Alle *Fachbegriffe*, die zum Verständnis notwendig sind, werden an geeigneter Stelle vielmehr recht ausführlich und in leicht verständlicher Weise erläutert.

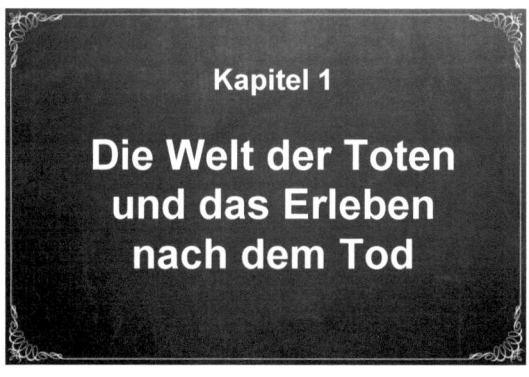

*Wir haben es nicht zu tun mit einer Welt,
die an irgendeinem anderen Ort des Kosmos liegt,
sondern mit einer Welt, welche uns überall umgibt,
welche überall um uns vorhanden ist.
An jedem Punkte unserer Welt
ist zugleich diese geistige Welt vorhanden.
Es ist kein Wandern in eine andere Welt,
wenn wir von der geistigen Welt
oder von Devachan sprechen,
sondern es ist ein Aufschließen der Organe,
ein Erreichen eines anderen Zustandes.*

Rudolf Steiner[1]

Es gibt verschiedene sprachliche Varianten, um auszudrücken, dass ein Mensch gestorben ist. So sagt jemand, der von einem Leben der Seele nach dem Tod überzeugt ist, etwa: »Er ist von uns gegangen«, »Er ist über die Schwelle (des Todes) gegangen«, »Er ist durch die Pforte des Todes geschritten« usw.

Alle diese Formulierungen machen deutlich, dass man davon ausgeht, dass der Verstorbene bzw. seine Seele sich offensichtlich nicht mehr in der Erdenwelt, sondern in einer ganz anderen Welt bzw. Sphäre befindet.

Aber in welcher Welt weilt der Mensch jetzt nach dem Tod? Wohin ist er gegangen? Was ist hinter der Schwelle bzw. der Pforte des Todes? Die Antwort auf diese Frage ist abhängig vom religiösen bzw. spirituellen Weltbild des Einzelnen. Dem entsprechend wird die Antwort lauten: »im Jenseits«, »im Nirvana«, »im Himmel«, »in der geistigen Welt« o.ä.

Welche dieser Formulierungen jemand auch immer wählen mag – alle zeigen, dass man glaubt, der Verstorbene bzw. seine Seele habe die Erdenwelt verlassen und weile jetzt in einer völlig anderen Welt.

Nun tun sich aber viele Menschen schwer, ein Verständnis für die Welten zu gewinnen, in die ein Toter stufenweise hineinwächst. Die einzige Welt, die von den heutigen Wissenschaften anerkannt wird und allen bekannt ist, ist diejenige, die sich jedem offenbart, der über gesunde *Sinnes*organe verfügt, also unsere Erdenwelt. Man könnte sie auch »*physische Welt*«, »*materielle Welt*«, »*physischer Plan*« oder »*Sinneswelt*« nennen. Obwohl diese sichtbare Welt schon fast bis in den letzten Winkel erkundet ist, bietet sie den Forschern noch genügend Spielraum für neue Entdeckungen. Die Existenz anderer Welten oder Sphären, die sich nicht den *üblichen* Sinnen offenbaren, verweisen materialistisch gesinnte Gemüter ins Reich der Phantasie. Damit gleichen sie einem Blindgeborenen, der Licht oder Farben für nicht existent hält. Die Möglichkeit, dass es Menschen gibt, die über höhere, geistige Organe verfügen, mit denen sie über den Tellerrand der physischen Welt hinausschauen können, halten solche Zeitgenossen für Wahnvorstellungen. Die Tatsache, dass es »Hellseher« bzw. »Geistesseher« gibt, die über die Fähigkeit verfügen, auch andere Welten sowie geistige Wesen einschließlich der Verstorbenen wahrnehmen und beobachten zu können, wird heute von vielen als Unsinn abgetan.

Eher noch ist man geneigt, ›Botschaften‹, die von geistigen Wesen oder Verstorbenen über ein Medium vermittelt werden, Glauben zu schenken. Auch wenn auf diesem Weg gewiss viele stimmige Einblicke in die Welt der Toten zu gewinnen sind, so müssen mediale Praktiken mit gesunder Skepsis betrachtet werden, da sich Medien während der Durchsagen in einem Trancezustand befinden. Ihr normales Tages-Bewusstsein ist dabei ausgeschaltet oder zumindest stark herabgedämpft. Sie bekommen also von dem, was da geschieht, nichts mit. Ihr kritischer Verstand muss schweigen. Sie sind von dem Geistwesen, das die Botschaften durch sie vermittelt, ›besetzt‹, um nicht zu sagen ›besessen‹. Das ist natürlich mit größten Gefahren verbunden. Manipulationen jeglicher Art sind Tür und Tor geöffnet. Mediale Praktiken mögen bis vor gut 100 Jahren eine gewisse Berechtigung gehabt haben. Heute sind sie nicht mehr zeitgemäß. Somit wird in diesem Buch *nicht* auf Erkenntnisse, die auf diesem Wege zustande gekommen sind, Bezug genommen. Wir beziehen uns ausschließlich auf die Forschungsergebnisse von mit Hellsichtigkeit begnadeten Menschen, insbesondere auf die von Dr. Rudolf Steiner, deren Forschungen auf einem sicheren *wissenschaftlichen* Fundament stehen. Steiners umfassende Erkenntnisse hat er uns in vielen Büchern und Tausenden von Vorträgen geschenkt.

1.1 Geistige bzw. übersinnliche Welten

S elbstverständlich gibt es noch zahlreiche religiös oder spirituell gestimmte Menschen, die zumindest noch an *eine* unsichtbare Welt glauben, die üblicherweise als *»Himmel«* bezeichnet wird.

Allerdings tun sich viele mit der Vorstellung schwer, *wo* sich eine solche nicht sichtbare Welt befinden könnte, was gewiss daran liegt, dass sie es einfach nicht vermögen, etwas Geistiges gedanklich zu erfassen. Oft hört man: »Ja, ich glaube schon an einen Himmel. Andererseits – wo soll dieser sein? Das Weltall ist doch schon recht gut erforscht. Aber die Astronomen, die das Universum schon weitgehend durchmessen haben, haben ihn noch nie entdeckt. Keiner hat dort jemals Gott oder auch nur einen einzigen Engel gesehen. Wo sollte da überhaupt noch Platz für einen Himmel sein?« Solche Fragen oder Ansichten zeigen deutlich, dass man sich vielfach auch den Himmel letztlich als eine materielle Sphäre vorstellt, in der man mit den üblichen Sinnesorganen wahrnehmen, in der man mit physischen Augen sehen und mit physischen Ohren hören könnte.

Wie man aus der Anthroposophie – aber auch aus vielen anderen esoterischen bzw. okkulten Quellen – sehr wohl wissen kann, muss man neben der physischen Welt im Wesentlichen noch *drei weitere* Welten unterscheiden, und zwar die *»Ätherwelt«*, die *»Astral-«* oder *»Seelenwelt«* und die *»Geisteswelt«* oder *»geistige Welt«*. Allen gemein ist, dass sie mit physischen Sinnen oder Messinstrumenten nicht wahrnehmbar sind. Mit einem Oberbegriff werden diese Welten als *»übersinnliche Welten«* bezeichnet. Dieser Begriff soll zum Ausdruck bringen, dass diese Welten *über* oder *außerhalb* dessen liegen, was sich unseren *physischen* Sinnesorganen erschließt. Synonym werden auch die Bezeichnungen *»höhere Welten«* oder *»immaterielle Welten«* verwandt. Bisweilen werden alle übersinnlichen Welten zusammengefasst und mit dem Namen *»geistige Welten«* belegt. Das ist aber nicht ganz korrekt, da im eigentlichen Sinne mit »geistiger Welt« eine bestimmte der drei übersinnlichen Welten gemeint ist, nämlich die Geisteswelt.

Es wäre ganz falsch, wenn man bei dem, was hier als »Welten« bezeichnet wird, an irgendwelche abgegrenzte Räumlichkeiten oder Orte denken würde.

Der Begriff des dreidimensionalen Raumes, in dem wir uns so gut zurechtzu-finden und sicher zu bewegen gelernt haben, hat nur in unserer physischen Welt eine Bedeutung. Daher könnte man diese auch »Raumeswelt« nennen. Die übersinnlichen Welten sind nicht-räumlich.

Wenn man sagt, irgendein Wesen *befinde* sich in einer übersinnlichen Welt, also etwa in der Astralwelt, so ist das so zu verstehen, dass dieses Wesen in einem Bewusstseinszustand ist, der ihm erlaubt, diese Welt als solche zu erken-nen und in ihr wahrnehmen zu können.

Um noch einmal auf die Frage, wo denn ein Himmel noch im Weltall Platz finden könnte, zurückzukommen: Unsere physische Welt wird von den höheren Welten durchzogen. Man muss sich *alle* Welten als miteinander verwoben denken. Die übersinnlichen Welten sind also *überall*. Die verschiedenen Welten durchdringen, durchziehen und durchströmen sich, etwa so wie sich in der Sinneswelt verschiedene Luftströme oder Flüssigkeiten durchdringen können. Daraus folgt, dass diese übersinnlichen Welten nicht fernab von unserer Welt sind, wie es insbesondere der in diesem Zusammenhang häufig benutzte Aus-druck *Jenseits* suggerieren könnte. Alle geistig-seelischen Wesen, also auch die Verstorbenen, sind lediglich in einer Sphäre, die *jenseits* der Wahrnehmungsfä-higkeit des heutigen Durchschnittsmenschen liegt.

Auch wenn es die Bewusstseinsschwelle nicht überschreitet, so lebt im Grun-de jeder Mensch, unabhängig davon, ob er ver- oder entkörpert ist, ständig in allen diesen Welten. Insbesondere im Schlaf weilen wir in der Welt der Toten und können ihnen besonders nahe sein.

»Wir sind im Grunde genommen immer schon in der höheren Welt drinnen, wir gehen im Schlaf unbewusst hinein, wir leben, während wir schlafen, in derselben Welt wie nach dem Tode.«[2]

Das, was wir nachts in den übersinnlichen Welten erleben, wirft zumindest hin und wieder einen schwachen und matten Abglanz in bestimmte Träume. Manchmal können wir auch unmittelbar nach dem Aufwachen, noch bevor die äußere Welt wieder an uns herandringt, so etwas wie eine hauchzarte Empfin-dung oder Ahnung davon haben, dass wir soeben aus einer ganz anderen Sphäre erwacht sind. Ein bewusstes Erleben in diesen höheren Welten kann nur ein mit Hellsichtigkeit begabter oder ein verstorbener Mensch haben.

Es ist also völlig richtig zu sagen, dass die Verstorbenen immer in unserer Nähe sind. »Sie fallen nicht aus der Welt«, wie es *Theowill Uebelacker* in seinem Gedicht (☞ S. 3) formulierte.

Alle Welten unterscheiden sich im Grunde nur dadurch, dass sie vermöge einer jeweils anderen Art von Organen erkennbar sind. Man könnte auch sagen, dass man zur Wahrnehmung der verschiedenen Welten ein jeweils anders geartetes Bewusstsein benötigt. Jeder Vergleich mit einer Situation aus unserem Erdendasein, den man zur besseren Veranschaulichung heranziehen könnte, kann nur sehr unzureichend sein. Dennoch soll der Versuch gewagt werden.

In gewisser Weise kann in unserer ganz normalen Sinneswelt doch von einer ›Welt‹ oder ›Sphäre‹ der für das Auge sichtbaren Dinge, von einer der Töne und Geräusche, von einer der Gerüche usw. gesprochen werden. Diese offenbaren sich jedem Menschen, der über die entsprechenden gesunden Organe verfügt. Nun käme wohl auch keiner auf die Idee zu sagen, dass etwa die Welt der sichtbaren Gegenstände fernab von der Welt der Töne sei. Dass diese sich gegenseitig durchdringen und miteinander verwoben sind, wird schon dadurch klar, dass man Seh- und Hörwahrnehmungen *gleichzeitig* haben kann. Allerdings bleiben diese beiden Welten einem blind und taub geborenen Menschen finster und stumm. Für ihn scheinen sie nicht zu existieren, ähnlich wie für die meisten verkörperten Menschen die übersinnlichen Welten nicht zu existieren scheinen.

> **»Sie sehen [...], wie innig verbunden das Erdenleben ist mit dem übersinnlichen Leben, wie man gar nicht eigentlich reden kann von einer von der Erdenwelt, von der sinnlichen Welt getrennten übersinnlichen Welt, denn alles, was sinnlich ist, ist zu gleicher Zeit übersinnlich durchdrungen; alles, was übersinnlich ist, offenbart sich irgendwo oder irgendwann im Sinnlichen.«**[3]

Wer glaubt, die übersinnlichen Welten wären etwas Nebulöses oder Schattenhaftes, wer glaubt, dass dasjenige, was wir in der Sinneswelt um uns haben, das Wahre, Wirkliche und Ursprüngliche wäre, gleicht jemandem, der vor einem Spiegel steht und den Ursprung des Spiegelbildes nicht vor dem Spiegel, sondern im oder hinter dem Spiegel sucht.

Wir wollen in diesem Kapitel die drei übersinnlichen Welten ein wenig charakterisieren und zudem in aller Kürze – soweit es für das Verständnis dieses Buches notwendig ist – erläutern, was die Seele eines Verstorbenen in diesen Welten erfährt, erlebt und durchzumachen hat. Für die Zwecke dieses Buches reicht es völlig aus, wenn wir uns weitgehend auf die ersten Jahrzehnte des nachtodlichen Lebens beschränken. Einem Leser, der eine sehr ausführliche Beschreibung über das Leben des Menschen nach dem Tod sucht, kann unser Buch *»Die spirituelle Seite des Todes«* (☞ S. 141) empfohlen werden.

1.1.1 Die Ätherwelt

Die erste übersinnliche Welt, die uns in gewissem Sinne am nächsten ist, wird *»Ätherwelt«* genannt. Angrenzend an unsere Erde, auf der wir wohnen, befindet sich der allgemeine Weltenäther, der sich uns *äußerlich* durch die himmelsblaue Farbe des Firmaments, aber auch durch Wolkenbildungen offenbart. Die Ätherwelt umgibt die Erde wie eine übersinnliche Atmosphäre. In ätherischen Abbildern erscheinen hier die Taten höherer geistiger Wesenheiten, die als Weltgedanken im Weltenäther weben.

Zusammen mit der aus den vier Elementen (Feuer, Wasser, Luft und Erde) aufgebauten physischen Welt bildet die Ätherwelt die *»physisch-ätherische Welt«*.

Während der Phasen, in denen wir wach sind, nehmen wir in der äußeren Welt das Materielle wahr, also alles Stoffliche, was sich unseren normalen Sinnesorganen erschließt. Was nehmen wir nun aber wahr, wenn wir träumen?

»Was ist denn gleichsam die Substanz, der Stoff – wie es also die Vorgänge, die materiellen Dinge der physischen Welt im Wachzustande sind –, in welchem wir wahrnehmen, indem wir träumen? Es ist dasjenige, was wir die Ätherwelt nennen, der sich in der ganzen Welt ausdehnende Äther mit seinen inneren Vorgängen, mit alledem, was in ihm lebt. Das ist gleichsam das Substantielle, in dem wir wahrnehmen, wenn wir träumen. In der Regel aber nehmen wir wahr, indem wir träumen, nur einen ganz bestimmten Teil der Ätherwelt. Wie uns ja die ätherische Welt im Wachzustande, wenn wir physisch wahrnehmen, verschlossen ist im gewöhnlichen Leben, wie der Äther um uns herum ist, ohne dass wir ihn durch unsere physischen Sinne wahrnehmen, so bleibt auch für das gewöhnliche Träumen der Äther, der um uns herum ist, unwahrnehmbar.«[4]

1.1.1.1 Das Leben des Menschen nach dem Tod in der Ätherwelt

Die Ätherwelt ist die erste Welt, die der Mensch unmittelbar nach Eintritt des Todes ›betritt‹. Der Begriff »betreten« darf natürlich wieder nicht wörtlich genommen werden. Gemeint ist vielmehr, dass der soeben Verstorbene nun ein Bewusstsein hat, das ihm erlaubt, in dieser Welt Wahrnehmungen haben zu können. In der Ätherwelt wird er nur für wenige Tage verweilen.

Blicken wir zunächst auf den Todesmoment. Der Tod hat immer *zwei* Seiten. Uns, die wir den Sterbenden vielleicht in seinen letzten Tagen begleiten durften, eröffnet sich nur die eine Seite, die *äußere*. Diese kann schrecklich, abstoßend und furchteinflößend sein. Wir mussten mit ansehen, wie der bereits vom bevorstehenden Tod geprägte Mensch mehr und mehr von seinem körperlichen Verfall gekennzeichnet wurde. Wir mussten miterleben, dass seine Lebenskräfte immer mehr dahinschwanden und dass seine Schmerzen möglicherweise so unerträglich wurden, dass nichts anderes übrig zu bleiben schien, als ihm starke Schmerzmittel zu verabreichen. Vielleicht standen wir auch seiner Unsicherheit, Verwirrtheit und Todesangst ohnmächtig gegenüber.

In manchen Fällen mögen wir, als der Tod schließlich eingetreten war, das Glück gehabt haben zu erahnen, dass sich im Todesaugenblick für den Betroffenen etwas ganz Großes vollzogen haben mag. Das kann uns etwa dann gewahr werden, wenn der Verstorbene nach überstandenem Todeskampf plötzlich einen ganz entspannten, friedvollen, vielleicht sogar leicht lächelnden Gesichtsausdruck zeigte. Dieses mag ein zarter Hinweis auf die *andere* Seite des Todes sein, die dem Verstorbenen jetzt allmählich offenbar wird. Man könnte fast den Eindruck gewinnen, als wollte der Verstorbene bis in seine abgelegte Körperhülle hinein die gewaltigen und erhabenen Erlebnisse und Empfindungen spiegeln, die er jetzt nach und nach kennenlernt. Ähnlich wie ein farbenprächtiger Schmetterling sich der Puppe entringt und die Hülle zurücklässt, hat sich seine Seele aus dem physischen Körper befreit und diesen als Leichnam zurückgelassen und der Erde übergeben. Er muss sich wie geblendet fühlen von dem alles überstrahlenden Bewusstseinslicht, das ihn jetzt erhellt. Ein solch helles, lichtes und klares Bewusstsein hätte er zu Lebzeiten nicht für möglich gehalten.

Vielleicht hat er soeben auch seinen Engel bewusst wahrgenommen, der schon immer an seiner Seite war und der ihn jetzt in sein neues Dasein führt. Dieser persönliche führende Geist, den man im Christentum berechtigterweise als »*Schutzengel*« bezeichnet, wird ihn auch durch das gesamte nachtodliche Leben begleiten und ihn später wieder ins nächste Erdenleben führen. Der Verstorbene ist jetzt wieder zu seinem Ursprung, in seine eigentliche Heimat, zurückgekehrt, die er im Grunde nie verlassen hatte, wenngleich ihm sein Tagesbewusstsein das stets verschleierte. Vielleicht hat er gerade einige vertraute Menschenseelen, die schon vor ihm durch die Pforte des Todes gegangen sind und ihn nun willkommen heißen, wahrgenommen. Möglicherweise ist er soeben sogar dem Christus begegnet. Diese überaus erhabene Begegnung ist durchaus möglich, sofern der Verstorbene sich im Erdenleben bemüht hat, ein Verständnis und eine Beziehung zu dem Christus zu finden.

Die hellsichtige Psychologin *Dr. Iris Paxino* schreibt über den Todesmoment aufgrund ihrer übersinnlichen Forschung:

»Der Sterbeaugenblick eines Menschen ist nie ein Einsamkeitsmoment. Das irdische Licht des über die Schwelle Gehenden verlöscht, doch sein geistiges Licht leuchtet auf. Die Hierarchien [Anm. d. Verf..: gemeint sind die »geistigen Wesen der höheren Hierarchien« bzw. die Wesen der verschiedenen Engelreiche; ☛ auch Anhang, Tabelle 3, S. 127ff.] *erwarten und empfangen ihn in einer erhabenen Feierstunde. Das, was sich für die Welt der Hinterbliebenen verdunkelt, erstrahlt auf der anderen Seite in einem lichtvollen geistigen Festakt. [...] Für den Verstorbenen selbst ist es ein sakraler Augenblick, in welchem seine Individualität, eingebettet im Licht einer höheren geistigen Wirklichkeit, zu sich selbst aufersteht.«*[5]

Nachdem der Tote in die Ätherwelt eingetreten ist, bekommt er das Gefühl, wie wenn ihn der irdische Schauplatz und alle Menschen, mit denen er verbunden war, verließen. Während er zu Lebzeiten den subjektiven Eindruck haben musste, als wenn die Erde still stünde und die Himmelskörper um sie herum kreisen würden, so erscheint ihm das jetzt genau umgekehrt zu sein. Nun hat er das Gefühl, wie wenn sich die ganze Erde unter ihm wegbewegte. Langsam kann ihm bewusst werden, dass er auch ohne seinen Körper ein Bewusstsein seiner selbst haben kann. Aus Sicht der übersinnlichen Welten erscheint der Tod immer als Sieg des Geistes über die Materie.

Dann – schon sehr kurz nach dem Tod – taucht etwas Gewaltiges vor dem Seelenauge des Verstorbenen auf: das sogenannte *»Lebenspanorama«*. Wie mit einem Schlage steht das gesamte verflossene Erdenleben vor seiner Seele. Wie in einem großen Panorama sieht er imaginativ Bilder seines ganzen abgelaufenen Lebens vor sich. Alles, was er denkend oder vorstellend in seinem Leben erlebte, taucht in diesen Bildern auf. Es ist wirklich immer das *ganze* verflossene Erdenleben in dieser *»Lebensrückschau«* da, gewissermaßen auf einmal, nicht erst in einer zeitlichen Reihenfolge. Die Zeit wird gewissermaßen zum Raum. Er wird gewahr, dass er jetzt außerhalb der Erdensphäre angekommen ist. Die schier unendlich vielen Bilder dieses Panoramas umgeben ihn nun in einer *ähnlichen* Weise wie ihn im Erdenleben Berge, Wälder, Sonne, Mond und Sterne umgeben haben. In mächtigen Bildern sind *gleichzeitig* sowohl solche Ereignisse da, die erst kurz vor dem Tod, als auch diejenigen, die schon in seinen mittleren Lebensjahren oder in seiner Kindheit stattfanden. Der Tote sieht in diesen Tagen von seinem individuellen Gesichtspunkte aus insbesondere alles dasjenige, woran er selbst beteiligt war, was für ihn eine Bedeutung hatte. Er sieht die Beziehungen, die er im Leben zu anderen Menschen hatte in der Weise, dass ihm gewahr wird, welche Früchte diese Beziehungen für ihn selbst getragen haben. Bei allem und überall sieht er sich im Mittelpunkt. In dieses Tableau sind auch die Bilder solcher Erlebnisse einverwoben, die ihm zu Lebzeiten gar nicht bewusst geworden sind, die aber doch einen Eindruck in seiner Seele hinterlassen haben. Er empfindet dieses Panorama als ein Stück seiner Wesenheit, ja als seine Welt. Das Selbsterlebte wird zu seiner Welt. In dem Maße wie ihm das irdische Dasein entschwindet, taucht alles, was er von seiner Geburt an bis zu seinem Tod in der Welt erleben konnte, auf. Dieses ganze Leben hat er nun als ein intensiv lebendiges, mit deutlichem Bewusstsein durchzogenes Bilderpanorama vor sich. Alles erscheint ihm so hell und überdeutlich, als wären es gar keine Erinnerungen, sondern etwas, was er gerade frisch erlebt.

Er sieht nicht nur diese Bilder, sondern es lebt auch alles wieder auf, was er in irgendeiner Weise jemals erlebt oder getan hat. Jedes einzelne Gespräch, das er mit Menschen geführt hat, ›hört‹ er jetzt wieder, alles das, was er mit anderen Menschen zusammen erfahren hat, was er mit ihnen ausgetauscht hat, erfährt er nun wieder. Diese Rückschau ist nicht von Gefühlen und Empfindungen durchzogen. Der Verstorbene gibt sich ganz passiv dieser Rückschau hin. Er betrachtet das Lebenspanorama mit der nüchternen Distanz eines neutralen Beobachters.

»Man steht diesem Erinnerungstableau ebenso objektiv gegenüber wie einem Gemälde. Wenn dasselbe einen Menschen darstellt, der traurig, der von Schmerzen erfüllt ist, so sehen wir ihn objektiv an. Wir können wohl seine Traurigkeit nachfühlen, doch empfinden wir nicht unmittelbar den Schmerz, den der Mensch gehabt hat. So ist es mit den Bildern dieses Tableaus unmittelbar nach dem Tode: es breitet sich aus, und man sieht in Zeiträumen, die erstaunlich sind, weil sie so kurz sind, alle Einzelheiten, die sich im Leben zugetragen haben.«[6]

Bei allen Szenen, die er nun sieht, hat der Tote den Eindruck, als wollte Christus oder sein Engel ihn fragen, was er aus seinem Leben gemacht habe, wie er dieses genutzt habe. Während dieser Zeit wird er von seinen Erlebnissen derart in Beschlag genommen, dass er sich noch nicht intensiv anderen Seelen – weder denen von verstorbenen noch von lebenden Menschen – zuwenden wird. Er hat mit sich und seiner Welt genug zu tun. Diese Art der Rückschau, der Rückerinnerung ist außerordentlich wichtig, da aus ihr eine Kraft fließt, die er benötigt, um im ganzen Leben nach dem Tod sein Ich-Bewusstsein aufrechterhalten zu können, um weiterhin ein selbstbewusstes und eigenständiges Wesen bleiben zu können. Diese Fähigkeit geht nicht nur, aber doch ganz wesentlich von diesem Anschauen des letzten Erdenlebens aus.

Das, was Rudolf Steiner vor rund 100 Jahren über das Erleben in den ersten Tagen nach dem Tod erforschte und veröffentlichte, ist mittlerweile von vielen Hundert Menschen, die Nahtod-Erfahrungen hatten, bestätigt worden.

Einer der ersten, der durch sehr ausführliche und höchst beeindruckende Schilderungen seiner *eigenen* Nahtod-Erfahrung Aufsehen erregte, war der amerikanische Arzt *George C. Ritchie*. Er erlitt als junger Soldat während des 2. Weltkrieges im Jahre 1943 eine schwere Lungenentzündung. Während der Röntgenuntersuchungen kollabierte er und wurde kurz darauf für klinisch tot erklärt. Während er schon im Sterbezimmer des Hospitals aufgebahrt wurde, hatte er sehr intensive Nahtod-Erlebnisse, die er dann viel später – in den 1970er Jahren – veröffentlichte. Über die Lebensrückschau schreibt Ritchie:

>*Denn gleichzeitig [...] war in diesem Raum jede einzelne Episode meines Lebens eingetreten. Alles, was um mich herum geschehen war, war einfach da, in voller Sicht, gleichzeitig und fließend, so, als ob in einem Moment alles zu gleicher Zeit stattfinden konnte. [...] Dagegen war an allen Seiten um uns herum etwas, was ich nur mit einer Art Wandgemälde bezeichnen könnte – nur, dass die Gestalten dreidimensional waren, sich bewegten und sprachen. In unendlicher Geschwindigkeit rollten die Bilder des verflossenen Lebens an mir vorüber, hunderte, tausende, [...] Es hätte in normaler Zeit Wochen gebraucht, um nur einen flüchtigen Blick auf die vielen Ereignisse zu werfen, und dennoch hatte ich nicht den Eindruck, dass überhaupt Minuten vergingen [...]«*[7]

Man kann durchaus davon ausgehen, dass der Augenblick des Todes sowie vieles, was nahezu *jeder* verstorbene Mensch in den ersten Stunden und Tagen nach seinem Tod erleben darf, durchaus als erhaben, großartig und beglückend bezeichnet werden darf.

Wie wir noch sehen werden, ist vieles von dem, was der Verstorbene in späteren Zeiten in den übersinnlichen Welten erleben wird, sehr stark davon abhängig, wie er sich im irdischen Dasein verhalten und wie er dieses gestaltet und genutzt hat. Er kann nun in Abhängigkeit davon weiterhin sehr Erhabenes, aber auch sehr viel Quälendes und Bedrückendes erleben.

Ein Leser, der sich bisher noch nicht mit dem »Wesensgefüge« bzw. den sogenannten »Wesensgliedern« des Menschen, die in ihrer Gesamtheit und ihrem Zusammenspiel erst den *wahren* Menschen ausmachen, befasst hat, wird sich vermutlich gefragt haben: Wie ist es möglich, dass sich ein Verstorbener, der ja keinen physischen Leib und somit auch kein Gehirn mehr hat, überhaupt noch an sein Erdenleben erinnern kann?

Nun, der physische Leib, den der Mensch im Tode ablegt und als Leichnam zurücklässt, ist nicht das einzige Wesensglied des Menschen, wie es uns die heutige zumeist stark materialistisch gefärbte Wissenschaft glauben machen möchte. Wenn der Mensch auf der Erde wandelt, so ist er ein *viergliedriges* Wesen. Neben seinem physischen Leib, den jeder, der über gesunde Sinnesorgane verfügt, sehen, anfassen und untersuchen kann, verfügt der Mensch noch über drei höhere übersinnliche Wesensglieder, die sich nur der Anschauung eines mit Hellsichtigkeit begabten Menschen zeigen. Ein nicht-hellsichtiger Mensch kann nur die Offenbarungen dieser höheren feinstofflichen Wesenglieder wahrnehmen. Die drei übersinnlichen menschlichen Wesensglieder und ihre Funktionen, die wir in diesem Kapitel nach und nach kurz erläutern wollen, waren den Weisen aller früheren Epochen bis zurück in die urindische Kultur vor gut 8.000 Jahren bekannt. Natürlich wurden den Wesensgliedern damals andere Namen gegeben. Wir wollen uns hier an die Bezeichnungen halten, die in der anthroposophisch orientierten Geisteswissenschaft Rudolf Steiners verwandt werden. Rudolf Steiner bezeichnete sie als »*Ätherleib*«, »*Astralleib*« und »*Ich(-leib)*«.

In diesem Abschnitt wollen wir einen Blick auf das erste und in gewisser Weise unterste übersinnliche Wesensglied werfen, das meistens »*Ätherleib*«, manchmal auch »*Lebensleib*« oder »*Bildekräfteleib*« genannt wird.

Ohne diesen ätherischen Leib könnte in dem stofflich-mineralischen Leib kein *Leben* sein. Somit haben nicht nur Menschen, sondern alle *Lebewesen*, also auch Pflanzen und Tiere, einen solchen Leib.

Der Ätherleib ist gewissermaßen der ›Aufbauer‹ oder der ›Architekt‹ des physischen Leibes, der sich aus dem ätherischen herauskristallisiert. Der physische Mensch ist nach Maßgabe seines Ätherleibes gebildet. Dieser übersinnliche Leib ist der Träger der Wachstums- und Fortpflanzungskräfte, aber auch des Gedächtnisses, der Temperamente, der Gewohnheiten, der Neigungen und des Gewissens. Der menschliche Ätherleib ist wie der physische Leib bis zu einem gewissen Grad den Gesetzen der Vererbung unterworfen.

Beim heutigen erwachsenen Menschen hat der Ätherleib etwa die gleiche Form wie der physische Leib, den er allerdings an allen Seiten ein wenig überragt. Dem Blick eines Hellsehers stellt sich der menschliche Ätherleib als innerlich leuchtendes, durchscheinendes, aber nicht ganz durchsichtiges *Kraftgebilde* dar. Der ätherische Leib ist ähnlich organisiert wie der physische, nur sehr viel komplizierter. Er ist nicht nur mit feinen Äderchen und Strömungen durchzogen, sondern er hat auch Organe, ein *»Ätherherz«*, ein *»Äthergehirn«* usw.

Wenn man die schon seit alten Zeiten übliche *Drei*gliederung des Menschen betrachtet, nach der jeder Mensch aus Körper, Seele und Geist besteht, so lässt sich sagen, dass der physische Leib und der Ätherleib, die immer fest miteinander verbunden sind, solange der Mensch auf der Erde verkörpert ist, *zusammen* das ergeben, was man als »Körper« bezeichnet.

Kommen wir nun darauf zurück, wie es sich erklären lässt, dass ein Verstorbener sich noch an sein verflossenes Erdenleben erinnern kann. Nun, es ist ja nicht verwunderlich, dass unsere Wissenschaft so verhältnismäßig wenig über das Gedächtnis weiß, da sie ja seinen Sitz im *physischen* Gehirn sucht. Dieses Gehirn ist in der *physischen* Welt aber nur vonnöten, damit etwas Erinnertes, also aus dem ätherischen Gehirn Heraufgeholtes, zum Bewusstseinsinhalt werden kann. Das physische Gehirn ist nicht mehr, aber auch nicht weniger als ein Werkzeug bzw. ein ›Spiegelungsapparat‹. Zu Lebzeiten wird der ätherische Leib mit seinen Gedächtniskräften sehr stark vom physischen Leib eingeschränkt. Um etwas Erinnertes freigeben zu können, ist er auf die vermittelnden Dienste des physischen Organismus angewiesen. Wenn das physische Gehirn einen Schaden hat – wie das etwa bei einer Demenzerkrankung der Fall ist –, so ist es kein reiner Spiegel mehr, so dass es viele Erinnerungen aus dem Ätherleib nicht mehr spiegeln und somit auch nicht zum Bewusstsein bringen kann.

Das, woran sich ein Mensch in seinem Erdenleben – zumindest einigermaßen – zu erinnern vermag, bildet nur eine verschwindend geringe Teilmenge aller im Ätherleib aufbewahrten Erinnerungen. Der ätherische Leib ist ein treuer Bewahrer von *allem*, was der Mensch jemals erlebt hat. Auch solche Ereignisse bzw. Erlebnisse, die nie die Bewusstseinsschwelle überschritten haben, an die sich der Mensch also im Erdenleben niemals erinnern könnte, sind hier einverwoben.

Der Ätherleib bleibt im Erdenleben immer, auch im Schlafe, mit dem physischen Leib verbunden. Erst im Augenblick des Todes trennt er sich endgültig von diesem ab. Dann ist er auch frei von dem starren physischen Gehirn, das ihn nun nicht mehr einschränken kann. Dadurch werden sämtliche Erinnerungen an das abgelegte Erdenleben frei. Über einen Zeitraum von etwa drei Tagen kommt es dann für den Verstorbenen zu dem bereits geschilderten Lebensrückblick. Dieser Lebensrückblick kann bereits dann einsetzen, wenn sich nur ein Teil des ätherischen Leibes löst, wie das etwa bei Menschen der Fall sein kann, die schon ganz nah an der Schwelle des Todes stehen. So ist auch zu erklären, dass viele Menschen, die Nahtod-Erfahrungen hatten, von dieser höchst eindrücklichen Lebensrückschau berichten.

Wenige Tage nach dem Tod wird der weitaus größte Teil des ätherischen Leibes in den Kosmos einverwoben. Nur einen kleinen Teil nimmt der Verstorbene als unvergängliche Essenz, als Frucht seiner geistig-seelischen Entwicklung aus seinen bisherigen Erdenleben auf seinen weiteren nachtodlichen Weg sowie ins nächste Erdenleben mit.

Nun könnte man ja annehmen, dass der durch die Pforte des Todes Geschrittene, nachdem er den Träger seines Gedächtnisses abgelegt hat, sich nicht mehr an sein letztes Erdenleben erinnern könne. Das ist aber nicht der Fall. Vielmehr behält er in den meisten Phasen seines Lebens zwischen Tod und neuer Geburt sehr wohl die Erinnerung an seine früheren Inkarnationen – namentlich an die letzte. Das Erinnern bekommt nun allerdings eine andere Gestalt, so dass es nicht mehr auf den Ätherleib angewiesen ist, wie es insbesondere im Erdenleben absolut notwendig ist.

An die Stelle des gewöhnlichen Erinnerns tritt jetzt das ›Lesen‹ in der sogenannten »Akasha-Chronik«, dem »kosmischen Weltengedächtnis«. Was kann man sich darunter vorstellen? Nun, nichts von dem, was jemals im Kosmos geschehen ist, geht verloren. Alle Taten, Gedanken, Worte, Gefühle usw. prägen sich in die »Akasha-Substanz« ein. Hierbei ist nicht nur an die großen Taten und Gedanken der göttlich-geistigen Wesen, sondern auch an alle großen und kleinen Taten und Gedanken eines *jeden einzelnen Menschen* zu denken. Alle Taten, die der Mensch auf dem physischen Plan vollbringt, haben ihr geistiges Gegenbild, das sich in die Akasha-Substanz einschreibt. Da man in dieser kosmischen Substanz in gewisser Weise wie in einem Geschichtsbuch lesen kann, spricht man von der »Akasha-Chronik«. Es ist zu Lebzeiten nur hochgradig begnadeten Menschen möglich, in dieser ›Chronik‹ zu ›lesen‹.

»Es bekommen natürlich Erinnerung und Vergessen nach dem Tode eine gewisse andere Gestalt. Sie wandeln sich so, dass dann an die Stelle des gewöhnlichen Erinnerns das Lesen in der Akasha-Chronik tritt. Was in der Welt gesche-

hen ist, ist ja nicht verschwunden, es ist objektiv da. Indem im Kamaloka [☞ S. 24] hinschwindet die Erinnerung an den Zusammenhang mit dem physischen Leben, tauchen diese Ereignisse auf in einer ganz anderen Weise, indem sie sich dem Menschen in der Akasha-Chronik entgegenstellen. Er braucht also dann nicht den Zusammenhang mit dem Leben, der sich ihm aus der gewöhnlichen Erinnerung ergibt.«[8]

1.1.2 Die Astral- oder **Seelenwelt**

Die nächste der höheren Welten ist die *»Astralwelt«* oder *»Seelenwelt«*. Diese Welt wird bisweilen auch *»Astralplan«* genannt. Die Astralwelt ist in der Hauptsache aus Formen und Farben zusammengesetzt.

»Solche gibt es auch in der physischen Welt; wir sind aber gewohnt, auf dem physischen Plan die Farben immer mit einem Gegenstand verbunden zu sehen. In der astralen Welt schwebt diese Farbe wie ein Flammenbild frei in der Luft. Es gibt eine Erscheinung der physischen Welt, die an diese schwebenden Farben erinnert, das ist der Regenbogen. Aber die astralischen Farbenbilder sind frei im Raum beweglich, sie vibrieren wie eine Flut von Farben, ein Farbenmeer in immer wechselnden, verschiedenartigen Linien und Formen. Allmählich aber kommt der Schüler [, der in dieser Welt wahrnehmen kann,] dazu, eine gewisse Ähnlichkeit zwischen der physischen und astralen Welt zu erkennen. Zuerst erscheint ihm diese Glut, dieses Farbenmeer sozusagen als herrenlos, es haftet nicht an Gegenständen. Dann aber treten die Farbenflocken zusammen und heften sich, zwar nicht an Gegenstände, aber an Wesenheiten. Während vorher nur eine schwebende Form gesehen wurde, offenbaren sich jetzt durch diese Farben geistige Wesenheiten. [...] Es sprechen sich darin geistige Wesenheiten aus. Eine Welt von Wesenheiten, die durch Farben zu uns spricht, ist die Astralwelt.«[9]

In der Astralwelt sind Gefühle wie Freude und Leid, Liebe und Hass, Begierden, Triebe usw. genau so real vorhanden wie in der physischen Welt materielle Gegenstände. Es gibt in der Seelenwelt nichts, was nicht selbst seelischer Natur wäre. Ein Wesen kann in dieser Welt absolut nichts tun, was in seiner Umgebung nicht sofort und ganz unmittelbar Freude, Lust, Schmerzen, Leid usw. auslösen würde. Es könnte – bildlich gesprochen – nicht einmal einen Finger krümmen, ohne dass andere Seelenwesen dadurch Sympathien oder Antipathien, Freude oder Schmerz empfinden würden. Die ›Materie‹ der »astralen Wesenheiten« ist das, was wir Fühlen nennen.

»Dort auf dem Astralplan ist das sichtbar, was für den Menschen zunächst nur fühlbar ist. Lust, Leid, Triebe sind da so wirklich vorhanden, wie auf dem physischen Plane die äußeren Gegenstände, ein Stuhl oder ein Tisch vorhanden sind. Das ist dort so vorhanden, dass ein Wesen, das uns als Lust erscheint, zunächst auf unser Gefühl wirkt, wenn sein Astralstoff noch ganz dünn ist.«[10]

Die beiden Pole, zwischen denen sich die Seelenkräfte entfalten, sind Sympathie und Antipathie. Im Erdenleben nehmen wir in unseren Gefühlen und Empfindungen diese Kräfte nicht so wahr, wie sie wirklich sind, sondern nur als ein blasses Spiegelbild. Überhaupt kehrt sich in der Astralwelt alles in sein Spiegelbild um.

»Was auf dem Astralplan auftritt, ist in der Regel dort wie ein Spiegelbild vorhanden im Vergleich zum physischen Plan; zum Beispiel die Zahl 563 ist dort 365. Ein Hassgefühl erscheint dort auch so, als ob es von dem Menschen käme, dem es zugesandt wurde. Diese Tatsache ist gültig für alle Dinge auf dem Astralplan. Man kann das Seelische, welches vom Astralplan hereinscheint auf den physischen Plan, hier mit den entgegengesetzten Eigenschaften wahrnehmen. Wenn seelische Empfindungen vom Astralplan hereindringen, dringen sie zum Beispiel, während sie dort Wärme sind, hier als ein Spiegelbild des Astralplanes mit einem eigentümlichen Kältegefühl ein. Das sind Dinge, die man sich ganz klarmachen muss.«[10]

In der Astral- oder Seelenwelt kann man sieben verschiedene Regionen oder Sphären unterscheiden. Man könnte auch von Bewusstseins- oder Erfahrungsebenen sprechen. Die unteren vier Regionen werden zusammengefasst als »untere«, die drei höchsten als »obere Seelenwelt« bezeichnet.

Jede Nacht sind wir während des Schlafes in der astralen Welt. Allerdings überschreiten die Erlebnisse, die wir dort haben, nicht die Bewusstseinsschwelle.

1.1.2.1   Das Leben des Menschen nach dem Tod in der Seelenwelt

Sie kennen sicherlich die Redensart: »Wenn ein Kind stirbt, so nimmt Gott es sofort zu sich in den Himmel auf.« Diese hat durchaus ihre Berechtigung. Wenn ein Erwachsener stirbt, so geht er durch die ›Pforte des Todes‹, sozusagen ›nach vorne‹, ›in die Zukunft hinein‹. Kinder sind noch sehr eng mit der Geisteswelt verbunden, aus der sie ja erst kürzlich heruntergestiegen sind, die sie eigentlich noch gar nicht zur Gänze verlassen haben. Ein Kind geht im Augenblick des Todes gewissermaßen ›rückwärts‹ wieder durchs ›Himmelstor zurück‹, durch das es erst vor kurzer Zeit ins Erdenleben geschritten ist und das für es noch offen steht. Ein verstorbenes Kind wird von sehr hohen Engelwesen mit großer Huld und Gnade empfangen. Diese geistigen Wesen, die man durchaus als »Götter« bezeichnen kann, sind von einer viel größeren Erhabenheit als es Gott in der Vorstellung der meisten Menschen ist (☞ auch Anhang, Tabelle 3, S. 127ff.). Somit ist nachvollziehbar, wenn gesagt wird, dass verstorbene Kinder nach ihrem Tod sofort wieder *von Gott* aufgenommen würden.

Ein Mensch, der im Erwachsenenalter gestorben ist, muss, nachdem die Lebensrückschau nach etwa drei, vier Tagen vorüber ist, zunächst die Seelenwelt oder Astralwelt durchlaufen.

In diesen insgesamt sieben Regionen ist es in erster Linie seine Aufgabe, sich von allem zu befreien, was später in der Geisteswelt keine Bedeutung und keine Berechtigung hat.

Die *ersten vier* Regionen der Seelenwelt wurden von Rudolf Steiner mit dem Sanskritwort *»Kamaloka«* zusammengefasst. Dieser Begriff kann mit »Ort der Begierden« oder »Ort des Verlangens« übersetzt werden. Natürlich darf man den Begriff »Ort« auch hier nicht wörtlich nehmen. Selbstverständlich ist auch mit Kamaloka wieder ein bestimmter Bewusstseinszustand bzw. eine bestimmte Erfahrungs- oder Seinsebene gemeint.

Während wir bisher den Menschen, der durch die Pforte des Todes geschritten ist, immer als »Verstorbenen« oder »Toten« bezeichnet haben, wollen wir ab jetzt einfach vom »Menschen« reden, denn das ist und bleibt er auch nach seinem Tod. Er ist lediglich kein *verkörperter* Mensch mehr und somit für andere verkörperte Menschen, die nicht hellsichtig sind, nicht mehr unmittelbar wahrnehmbar.

Der Mensch muss sich nach dem Tod völlig neu orientieren. Er hat schon kurze Zeit nach dem Schwellenübergang das Gefühl, wie wenn er wachsen würde, wie wenn er größer und größer würde, wie wenn er sich nach allen Richtungen ausdehnen würde. Früher hat er sich als ein durch seine Haut abgeschlossenes, eng begrenztes Wesen empfunden, dem die ihn umgebende schier unendliche Welt wie eine Außenwelt erschienen ist. Jetzt wird diese Außenwelt zur Innenwelt. Seine frühere Innenwelt wird zur Außenwelt. Er breitet sein ganzes Wesen in den Kosmos aus. Er schaut sich nun von außen an. Er wird immer größer und größer. Das was früher sein Mikrokosmos war, wird nun zum Makrokosmos. Er bekommt den Eindruck, als ob sich sein Wesen über alles ergießen würde, was außerhalb seiner ist. Er taucht gleichsam in die Dinge unter und fühlt sich eins mit ihnen.[11] Solange der Mensch die Erlebnisse durchzumachen hat, die er im Kamaloka haben kann, dehnt er sich in seiner geistig-seelischen Wesenheit so weit aus, bis er in etwa den kugelförmigen Raum ausfüllt, der sich durch die Erdumlaufbahn des Mondes als äußere Grenze ergibt. Für ihn entsteht der Eindruck, wie wenn der Erdenkörper bis dahin erweitert wäre, wo der Mond die Erde umkreist. Der Mensch wird so groß, dass seine äußerste Grenze mit der Sphäre zusammenfällt, die durch die Stellung des Mondes markiert wird. So wie er sich im Erdenleben durch seine Haut begrenzt und abgeschlossen gefühlt hat, fühlt er sich jetzt durch die Mondenbahn begrenzt. Er wird also in gewisser Weise zum ›Mondbewohner‹. Das ist natürlich nicht etwa so zu verstehen, dass er nun auf dem Mond herumspaziert, sondern dass sich sein Bewusstseinshorizont bis zu dem Umkreis erweitert, den der Mond um die Erde nimmt, so dass er einen Zugang zu allem erhält, was sich in dieser Sphäre abspielt, was dort webt und west.

Nahezu alle Menschen nehmen noch eine starke Hinneigung zum Irdischen, zum Sinnlichen mit in die höheren Welten, in denen Sinnliches keine Berechtigung mehr hat. Sie haben noch viele Begierden, Triebe, Wünsche und Vorstellungen, die nur in der Sinneswelt befriedigt werden können. All dieser Wünsche, Triebe und Begierden muss der Mensch sich nun entwöhnen; er muss sie überwinden; er muss sich läutern, um zunächst in die obere bzw. höhere Seelenwelt und dann in die geistige Welt eintreten zu können.

In der ersten Region der Seelenwelt, also zu Beginn seiner Kamalokazeit, muss der durch die Pforte des Todes geschrittene Mensch seine niedrigsten und gröbsten Begierden austilgen. Er hängt immer noch an den Sinneseindrücken, die er in seinem Leben haben konnte. Er kann für lange Zeit immer noch die Begierde, immer noch das Verlangen haben, sinnlich wahrnehmen und empfinden zu können. Er sehnt sich danach, mit Augen sehen, mit Ohren hören, mit Zunge und Gaumen schmecken zu können usw. Die Organe, die ihm solche Eindrücke bescheren könnten, hat er aber im Augenblick des Todes mit seinem physischen Leib abgelegt. In der Welt, in der er nun ist, haben Sinneseindrücke keine Bedeutung mehr; sie sind hier nicht mehr möglich. Solange er noch ein

Verlangen nach diesen Sinneseindrücken, nach diesen sinnlichen Genüssen hat, verbleibt er in dieser Region.

Als wie qualvoll eine Seele diesen Prozess der Läuterung empfindet, hängt ganz wesentlich davon ab, wie niedrig und grob diese Begierden usw. waren. Aber selbst solche Seelen, die in ihrem Erdenleben nicht allzu stark an sinnlichen Eindrücken und Genüssen Wohlgefallen hatten, müssen sich von ihrer Hinneigung zur sinnlichen Wahrnehmung befreien. Dieser Prozess kann bei einem Menschen, der zu seinen Lebzeiten eine starke Begierde nach sinnlichen Genüssen hatte, äußerst schmerzhaft und mit großen Qualen verbunden sein. Ein solcher hat das Gefühl, als würde er innerlich brennen. Seine Begierden werden wie durch Feuer verzehrt. Daher gab Rudolf Steiner der ersten Region des Kamaloka den Namen »Begierdenglut«. So sind auch die Bibelstellen zu verstehen, die von einem Feuer sprechen, in das bestimmte Menschen nach ihrem Tod ›geworfen‹ würden. Der Begriff »Fegefeuer«, der im Katholizismus früher verwandt wurde, weist ebenfalls darauf hin.

Bereits in der griechischen Mythologie war bekannt, dass die Seele nach dem Tod sehr darunter zu leiden hat, dass sie ihre sinnlichen Bedürfnisse nicht mehr befriedigen kann. Sehr deutlich kann man das dem *»11. Gesang«* der *»Odyssee«* entnehmen. Hier schreibt *Homer*:

»Auch den Tantalos sah ich, mit schweren Qualen belastet. Mitten im Teiche stand er, das Kinn von der Welle bespület, lechzte hinab vor Durst, und konnte zum Trinken nicht kommen. Denn so oft sich der Greis hinbückte, die Zunge zu kühlen, schwand das versiegende Wasser hinweg, und rings um die Füße zeigte sich schwarzer Sand, getrocknet vom feindlichen Dämon. Fruchtbare Bäume neigten um seine Scheitel die Zweige, voll balsamischer Birnen, Granaten und grüner Oliven, oder voll süßer Feigen und rötlichgesprenkelter Äpfel. Aber sobald sich der Greis aufreckte, die Früchte zu pflücken, wirbelte plötzlich der Sturm sie empor zu den schattigen Wolken.«

Im Kamaloka ist es die Aufgabe der Seele, sich dieses Begehren abzugewöhnen. Dieses Entwöhnen, das mit einer Entziehungskur verglichen werden könnte, *kann* für die Seele einen sehr schmerzlichen Prozess darstellen. Selbstverständlich hat dieses Leiden nichts mit einer Strafe zu tun.

Wie Rudolf Steiner in einem seiner Vorträge sagte, könne die Kamalokazeit für einen Menschen auch äußerst angenehm sein, falls er es in seinem Erdenleben bereits gelernt habe, zu entbehren und Verzicht zu leisten.

»Das Gefühl des Entbehrens im physischen Leben wird zur Seligkeit in der Kamalokazeit. Es treten also die entgegengesetzten Gefühle ein, denn alles, was man im Leben gelernt hat, gern zu entbehren, wird in der Kamalokazeit zum Genuss.«[12]

Hier muss man sicherlich nicht unbedingt an Asketen denken, sondern an solche Menschen, die sich ganz bewusst die Befriedigung bestimmter *niedriger* sinnlicher Begierden versagen, was einer gewissen Einsicht und großer Willenskräfte bedarf. Aber auch Menschen, die aufgrund einer langen schweren Erkrankung oder Behinderung vieles entbehren mussten, dürfte die Kamalokazeit viel leichter werden.

Wenn der Seele das Bewusstsein für die zweite Region der Seelenwelt aufgeht, wird sie sich schon – zumindest weitgehend – von der Begierde nach Sinneseindrücken und sinnlichen Genüssen befreit haben. Sie begehrt aber immer noch nach solchen *Gedanken*, die sie im Erdenleben gewohnt war, also solchen, die sie nur durch das Instrument des physischen Gehirns haben konnte. Sie möchte immer noch so denken können, wie sie auf der Erde gedacht hat. Ebenso wie der Mensch jetzt in den höheren Welten nicht mehr sinnlich wahrnehmen kann, kann er auch nicht mehr auf die gewohnte Art denken. Schließlich fehlen ihm nun nicht nur die Sinnesorgane, sondern auch das physische Gehirn. Die Seele muss lernen, dass das ihr vertraute abstrakte, schattenhafte Denken in den übersinnlichen Welten keine Bedeutung mehr hat. Sie muss es sich abgewöhnen. Sie muss erkennen lernen, dass das ihr bekannte Denken nur in der Zeit zwischen Geburt und Tod möglich und berechtigt ist.

Eine *besondere* Verwandtschaft zu dieser Region weisen diejenigen Menschen auf, die sich im Erdenleben sehr stark von Äußerlichkeiten beeinflussen ließen, die in den vielen Nichtigkeiten, die das Leben bietet, aufgingen. Solche Seelen konnten ihre Sympathien keiner Sache in besonderem Maße zuwenden. Sie zeigten mal für dieses, mal für jenes Interesse, sie gingen heute diesem, morgen jenem Zeitvertreib nach. Auch hier fehlen natürlich wieder die physischen Möglichkeiten, um diesen Drang zu befriedigen, was die Seele wiederum eine Zeit lang als sehr schmerzlich erleben wird.

Nachdem sich die Seele ihrer Begierden nach Sinneseindrücken und nach der Art des Denkens, wie es nur in der physischen Welt möglich und berechtigt ist, entledigt hat, bleibt ihr immer noch ein Zusammenhang mit dem Erdenleben durch ihre *Wünsche*, und zwar durch solche, die sich ausschließlich auf Sinnliches beziehen. Diese Wünsche haben eine viel tiefere Verwandtschaft zu der Seele als etwa die Gedanken. Was und wie ein Mensch denkt, hängt sehr stark von seiner ganz normalen irdischen Entwicklung ab. Wenn er in seinen mittleren Jahren ist, wird er ganz andere Gedanken hegen als in seiner Jugend oder Kindheit. Im Alter wird er wiederum gänzlich andere Gedanken bewegen. Natürlich werden sich auch seine Wünsche im Laufe seines Lebens ändern, aber nicht so radikal. Die Wünsche haben häufig während des ganzen Lebens eine sehr ähnliche Färbung. So kommt es beispielsweise oftmals vor, dass ein Mensch fast sein ganzes Leben hindurch den Wunsch hat, bestimmte Dinge, die ihm gefallen, besitzen zu wollen, vielleicht sogar einmal wohlhabend oder eine anerkannte und geachtete Persönlichkeit zu werden. Dieses Wünschen muss in der dritten Region der Seelenwelt überwunden werden.

Zu ihr fühlen sich diejenigen Seelen hingezogen, die im Erdenleben eine starke Sympathie zu irgendwelchen sinnlichen Dingen oder dringende Wünsche hatten, die sich ausschließlich auf Sinnliches, Materielles bezogen. Nun fehlt auch hier wieder die Möglichkeit, diese Wünsche zu erfüllen, was der Seele wiederum leidvolle Erfahrungen beschert. Alles, was die Seele in diese Region gezogen hat, muss aus ihr getilgt werden.

»Auch diese Wünsche ersterben allmählich wegen der Unmöglichkeit ihrer Befriedigung.«[13]

In der vierten Region der Seelenwelt muss noch die letzte *gröbere* Hinneigung zum Sinnlichen überwunden werden. Der Mensch verspürt immer noch eine Sehnsucht, wieder eine Verbindung mit seinem schon seit langer Zeit abgelegten physischen Leib einzugehen. Er fühlt sich immer noch zu ihm hingezogen. Er hat immer noch eine gewisse Sehnsucht nach seinem letzten Erdenleben, auch wenn diese jetzt längst nicht mehr so stark ist, wie sie noch zu Beginn der Kamalokazeit sein konnte.

Viele Menschen identifizieren sich zu Lebzeiten sehr stark mit ihrem physischen Leib. Er ist es, der ihnen ihr Selbstgefühl verleiht. Die Seele nahm, solange sie mit dem Leib verbunden war, an allem teil, was diesen Leib betrifft und was dieser ihr bieten konnte. Die Gefühle von Lust und Unlust, Wohlbehagen und Unbehagen waren an ihn geknüpft, der sie ihr bescherte. Nun ist der Leib schon seit geraumer Zeit nicht mehr da; die Seele muss ohne ihn auskommen. Er fehlt als der Vermittler des Selbstgefühls.

Das, was der Mensch in dieser Region durchzumachen hat, kann eine sehr harte Prüfung sein, die ihm auferlegt wird. Er muss die Illusion verlieren, dass der physische Leib das entscheidende Wesensglied des Menschen sei. Nach diesem Lernprozess kann er mit seiner ganzen Sympathie an der allgemeinen Seelenwelt teilnehmen.

Vielleicht hat es Sie verwundert, dass ein Mensch nach dem Tod noch Begierden, Triebe, Wünsche und dergleichen hat. Da er nicht nur keinen physischen Leib, sondern nach etwa drei Tagen auch keinen Ätherleib mehr trägt, können diese offensichtlich nicht ihren Sitz in einem dieser beiden Wesensglieder haben. Es muss also noch ein weiteres Wesensglied vorhanden sein.

In der Tat haben Menschen und Tiere über den physischen und ätherischen Leib hinaus noch ein weiteres immaterielles Wesensglied, das die ätherische Hülle umschließt: den »Astralleib«. Innerhalb dieses Leibes erscheint das *Eigenleben* des Menschen. Es drückt sich dadurch aus, dass dieser Lust oder Unlust, Freude oder Schmerz usw. erlebt.

Der Astralleib, den manche Esoteriker auch als »*Emotionalkörper*« bezeichnen, ist der Träger von Gefühlen, Begierden, Trieben, Wünschen, Leidenschaften und dergleichen. Durch ihn werden Sympathien und Antipathien erregt. Die Fähigkeit, solche Empfindungen zu erleben, teilt der Mensch nur mit den Tieren, die auch einen solchen übersinnlichen Leib besitzen. Auch hier ist es natürlich wieder so, dass der Mensch, solange er auf der Erde verkörpert ist, des Nervensystems bedarf, damit sich etwa die Schmerzen kundtun können.

Der Astralleib ist auch der Träger des sogenannten Unterbewusstseins, das man auch »*astralisches Bewusstsein*« nennt. Dieses ist ungleich weiser als unser Tages- oder Oberbewusstsein. Wie oft treffen wir irgendwelche Entscheidungen ›aus dem Bauch heraus‹ – wie man heute gerne sagt –, die sich dann später als absolut richtig und wichtig, als höchst hilfreich und nützlich erweisen. In solchen Fällen mag es uns gelungen sein, einen Hauch der Weisheit unseres astralischen Bewusstseins empfangen zu haben.

Dem hellsichtigen Menschen zeigt sich das Bild des Astralleibes als eine Art ›Lichtwolke‹, die sogenannte »*Aura*«, die den physischen und ätherischen Leib umhüllt und den Kopf etwa um zwei bis drei Kopflängen überragt. Die Aura glänzt in den unterschiedlichsten Farben, je nach den jeweiligen Begierden, Trieben usw. Der Astralleib löst sich im Schlafe aus seiner Organisation mit den beiden übrigen Leibern. Dann gehört es unter anderem zu seinen Aufgaben, den physischen Leib zu erfrischen und Abnutzungserscheinungen auszugleichen. Der Mensch verliert nach dem Tod seinen Astralleib zunächst nicht.

Etwas vereinfacht gesagt ist der Astralleib nichts anderes als das, was man als »Seele« bezeichnet.

Während der Kamalokazeit kommt auf den Menschen noch etwas weiteres Gewaltiges zu.

Als er noch auf der Erde weilte, hat er sich vieles zu Schulden kommen lassen. Insbesondere war sein Verhalten zu seinen Mitmenschen nicht immer nur von Liebe, Hilfsbereitschaft und Wohlwollen getragen. Vieler Verschuldungen und Versäumnisse ist er sich zu Lebzeiten gar nicht bewusst geworden. Nun hat er die Gelegenheit, sein komplettes abgelegtes Leben noch einmal zu ›durchlaufen‹, so dass ihm alle Verfehlungen und Unzulänglichkeiten deutlich vor das Seelenauge treten können. Dadurch kann er hier schon die ersten Impulse finden, um im nächsten Leben für den karmisch notwendigen Ausgleich sorgen zu können.

Die Seele entwickelt ein starkes Verlangen, auf das zurückzuschauen, was ihr das Leben geboten hat und wie sie dieses genutzt hat. Dadurch kommt zustande, dass die gesamte Biografie in einem zurückschauenden *Erleben* auftritt. Der Mensch *durchlebt* gewissermaßen noch einmal alles dasjenige *bewusst* und auf eine äußerst intensive Weise, was er im Erdenleben während seiner Schlafphasen, als er unbewusst seine Tagesereignisse aufgearbeitet hat, durchlebt hat. Das ist der wesentliche Unterschied zu der Lebensrückschau, die er unmittelbar nach dem Tod hatte und der er sich nur passiv und emotionslos hingegeben hat. Jetzt ›durchwandert‹ er noch einmal sein ganzes Leben, und zwar rückwärts, beginnend mit seinem Todestag bis hin zum Tage seiner Geburt. Der Mensch muss also gewissermaßen wieder zum Kind werden. Das ist auch eine der esoterischen Bedeutungen des Bibelverses *»Ehe ihr nicht umkehret und werdet wie die Kinder, so werdet ihr nicht in die Reiche der Himmel kommen!«*[14] Vorher ist der Mensch noch nicht reif, zunächst die obere Seelenwelt und dann die Geisteswelt, den Himmel, zu betreten.

Sein gesamtes Erdenleben durchlebt der Mensch jetzt noch einmal in den vier unteren Regionen der Seelenwelt, also im Kamaloka. Dieses Durchleben wird nach irdischer Zeitrechnung in etwa so lange dauern, wie er im Erdenleben geschlafen hat, also im Durchschnitt etwa ein Drittel seiner Lebensdauer.

»Man kann [als Geistesseher] mit dem Toten weiterhin gehen. Man sieht, das, was er in den Tagen vor seinem Sterben hier auf Erden erlebt hat, das erlebt er

zurück, das Letzte zuerst, das Vorletzte als zweites und so weiter. Er lebt alles zurück. Bis zu dem Zeitpunkte seiner Geburt lebt er sich zurück in einem Drittel der Lebenszeit. Wenn einer sechzig Jahre alt geworden ist, lebt er ungefähr zwanzig Jahre zurück, das ganze Leben rückwärts durchlaufend. Da kann man ihm folgen.«[15]

Alles, was der Mensch im Zusammensein mit anderen Menschen konkret erlebt hat, durchlebt er erneut in intensivster Weise. Dieses rückwärts verlaufende Erleben nimmt sich so aus, dass er es *nicht* aus seiner Sicht erlebt, sondern aus der der Mitmenschen.

»Dass man so sein vergangenes Leben in allen Einzelheiten zurücklebt, das hat den Sinn, dass man jetzt erst seine eigenen Handlungen wahrhaft kennenlernt, indem man deren Wirkungen an sich selber erlebt. Denn nun stellt sich für den Menschen bei jeder Handlung der Seelenzustand ein, den derjenige gehabt hat, gegen welchen die Handlung sich gerichtet hat. Sie erleben die Schmerzen und Freuden, die sie anderen Menschen bereitet haben, von innen aus. Nichts von dem, was man anderen zugefügt hat, gibt es, das nicht in Kamaloka eigenes Erlebnis wird. Hier gilt der Satz: Was du säest, das wirst du ernten.«[16]

Wenn der Verstorbene also beispielsweise einmal einen anderen Menschen beleidigt oder beschimpft hat, so erlebt er das jetzt zum entsprechenden Zeitpunkt aus der Sicht des anderen. Er ›steckt‹ gewissermaßen im anderen Menschen ›drin‹. So kann er fühlen, wie sich sein Gegenüber damals gefühlt hat. Er empfindet jetzt in seinem eigenen Inneren, wie dem anderen damals zu Mute war, wie ihn das geschmerzt hat. Er fühlt, dass er seine Verschuldungen erst im nächsten Erdenleben wieder ausgleichen kann. Er gewinnt die Impulse, es in seiner nächsten Inkarnation besser zu machen.

Dieses erneute Erleben der eigenen Biografie bringt ihm eine gewisse Selbsterkenntnis, die eine der wichtigsten Grundlagen für das nachtodliche Bewusstsein darstellt.

Jetzt ist es natürlich auch wieder so, dass er während dieser Phase nur eine bestimmte Zeit mit diesem nochmaligen Durchleben verbringt. Es treten ja in diesem Zeitraum noch viele andere Erlebnisse, Erfahrungen und Erfordernisse an ihn heran. Insbesondere kann er bereits in der gesamten Kamalokazeit ein Zusammenleben mit den Seelen aus seinem Schicksalskreis pflegen. Dieses Zusammensein ist jetzt viel inniger als es im Erdensein jemals möglich sein konnte. In den übersinnlichen Welten gibt es keine räumlichen Barrieren, die ein Zusammenkommen behindern könnten. Die Seelen treten sich ganz ›ungeschminkt‹ gegenüber. Keiner kann sich jetzt mehr verstellen oder dem anderen etwas vorspielen.

Der Mensch ist in seiner Kamalokazeit noch sehr stark mit sich selbst beschäftigt, um sein letztes Erdenleben zu verarbeiten und sich seiner Begierden, Triebe, Leidenschaften usw. zu entwöhnen. Wie bereits erwähnt kann er aber darüber hinaus auch schon zu anderen Menschen finden, die bereits durch die Pforte des Todes geschritten sind. Er ist also nicht ausschließlich mit seinem eigenen Läuterungs- und Reifungsprozess befasst. Sobald er im Kamaloka ›aufgewacht‹ ist, kann er Seelen finden, denen er im irdischen Leben nahestand, also insbesondere Verwandte und Freunde. Mit diesen kann er ein sehr inniges Zusammenleben führen.

Er schließt sich oft aber auch seinen Vorfahren an, die er im Erdenleben gar nicht mehr treffen konnte, weil sie schon längst verstorben waren. Auch mit diesen Blutsverwandten, also mit seinen Ahnen, kann der verstorbene Mensch jetzt zusammen sein.[17]

Die Möglichkeit, mit anderen Seelen ein gemeinschaftliches Zusammenleben in den höheren Welten pflegen zu können, ist immer abhängig von bestimmten Voraussetzungen, die von Region zu Region sehr unterschiedlich sein können. Grundsätzlich ist es so, dass ein Mensch nicht permanent ein solches Zusammenleben pflegen wird. Ähnlich wie sich im Erdenleben Wachen und Schlafen rhythmisch abwechseln, wechseln sich im Leben nach dem Tod Phasen der Geselligkeit mit solchen ab, in denen sich der Mensch ganz in sich zurückzieht, in denen er eine gewisse Einsamkeit oder Selbstbesinnung bevorzugt. Von den meisten Seelen, die sich dort befinden, hat er überhaupt keine Wahrnehmung, denn diese hängt nicht von der ›räumlichen‹ Nähe ab. Die Raumes- und Zeitverhältnisse sind ja in den übersinnlichen Welten völlig anders, als wir diese aus der Sinneswelt kennen. Um einen anderen Toten in der unteren Seelenwelt wahrnehmen, um ihn finden zu können, ist es notwendig, dass er mit ihm schicksalsmäßig verbunden ist. Mit diesen Seelen, also insbesondere denjenigen, die ihm im Leben nahegestanden sind, fühlt er sich den größten Teil des nachtodlichen Lebens immer zusammen.

Wenn der Mensch seine Kamalokazeit hinter sich hat, hat er sich von seinen gröbsten Begierden, Trieben, Leidenschaften und Wünschen befreit, die nur im Erdenleben befriedigt werden konnten. Diese sind vom Läuterungsfeuer ausgetilgt worden. Der Mensch wird mit seiner ›Rückwärtswanderung‹ durch sein letztes Erdenleben jetzt am Tage seiner Geburt angekommen sein. Wenn er in seinem letzten Erdenleben also etwa 75 Jahre alt geworden ist, so wird er im Durchschnittsfall nach irdischer Zeitrechnung jetzt schon 25 Jahre in der Seelenwelt zugebracht haben. Nun legt er denjenigen Teil seines Astralleibes ab, der nur im Bewusstsein der Sinneswelt leben kann. Nachdem er im Augenblick des Todes den physischen Leib und nach der etwa dreitägigen Lebensrückschau den ätherischen Leib abgelegt hat, tritt jetzt auch der dritte Leichnam aus. Mit dem astralischen Leichnam entschwindet ihm alles, was in der geistigen Welt nicht brauchbar ist.

»Geradeso, wie für den eigentlichen Menschen nach dem Austritt des ätherischen Leichnams ein Extrakt, eine gewisse Essenz für alle Ewigkeit zurückbleibt, so bleibt auch für ihn nach dem Austritt des astralischen Leichnams für alle Ewigkeit eine gewisse Essenz zurück als Frucht der letzten Verkörperung.«[18]

Es kann übrigens nicht von einer *radikalen* Auflösung des ätherischen und astralischen Leibes die Rede sein. Die abgelegten Teile dieser beiden Leiber werden vielmehr in den Kosmos ›ausgegossen‹, sie werden in ihn einverwoben. Alle Einprägungen von dem, was der Mensch durchgemacht hat, prägen sich dem Kosmos ein und wirken kräftemäßig weiter.

Man muss sich jetzt die Frage stellen, was nach der Kamalokazeit außer den Extrakten des Äther- und Astralleibes von dem Wesensgefüge des Menschen, das er im Erdenleben hatte, noch übrig bleibt. Wie kann man überhaupt davon reden, dass der Mensch unsterblich ist?

Nun, wir haben ja bereits gesagt, dass der Mensch ein *viergliedriges* Wesen ist. Sein viertes Wesensglied, das ihm in der gesamten nachtodlichen Zeit verbleibt, ist sein *»Ich«*.

Dieses Ich bzw. dieser *»Ich-Leib«* ist das höchste Wesensglied des Menschen, das ihn weit über das Tierreich erhebt. Hätte der Mensch nicht dieses Ich, so hätten die ›Jünger‹ Darwins recht; dann wäre der Mensch nur ein hochentwickelter Affe.

Dieses Wesensglied, das sich einem Hellseher als bläuliche Hohlkugel im Stirnbereich zwischen den Augen zeigt, ist genau wie der Astralleib ein Bewusstseinsträger. Dieses an das Ich gekoppelte Bewusstsein, das »Ich-Bewusstsein«, leuchtet im Erdendasein eines Menschen etwa im dritten Lebensjahr erstmals auf. Ab diesem Zeitpunkt kann sich ein Kind seelisch als ein »Ich« bezeichnen. Es wird fähig, dieses Wort richtig zu verwenden. Es wird dann nicht mehr sagen »Maxi möchte einen Keks«, sondern »Ich möchte einen Keks«. Die übliche Erinnerung, die ein Mensch in seinem Erdenleben hat, reicht höchstens bis zu diesem Ereignis zurück.

Das Ich ermöglicht es dem auf der Erde inkarnierten Menschen, sich als eigenständiges und seiner selbst bewusstes Wesen erkennen und von seiner Umgebung abgrenzen zu können. Jeder Mensch kann sich selbst als ein »Ich bin« wahrnehmen. Das Ich, das man auch als »Selbst« bezeichnen könnte, erlaubt ihm, sich über seine bloßen Gefühle und Triebe hinaus selbst zu bestimmen. Dadurch kann er dazu kommen, ordnende Begriffe und Gedanken zu bilden. Das Ich macht es dem Menschen möglich, aus eigenem Antrieb heraus tätig zu werden und moralischen Idealen nachzustreben, anstatt nur blind seinen Trieben zu folgen.

Nicht einmal ein krasser Materialist kann leugnen, dass es im Menschen eine ›Instanz‹ gibt, die über diejenigen Fähigkeiten verfügt, die wir dem Ich zuschreiben müssen. Allerdings wird er heftig bestreiten, dass es sich dabei um etwas Eigenständiges, Immaterielles handele. Vielmehr wird er diese Fähigkeiten auf irgendwelche Gehirnfunktionen zurückführen. Wenn ein solcher ehrlich und konsequent wäre, dürfte er aber auch nicht sagen: »Ich denke.« Stattdessen müsste er eigentlich sagen: »Mein Gehirn denkt.«

Dieses Ich ist der *geistig-seelische Wesenskern* des Menschen, das seine ewige *Individualität* ausmacht. Es ist unsterblich und unvergänglich; es geht durch die vielen Erdenleben, die der Mensch im Zuge seiner geistig-seelischen Evolution durchzumachen hat. Wenn der Mensch auf der Erde wandelt, ist er ein *viergliedriges* Wesen, das aus physischem Leib, Ätherleib, Astralleib und Ich besteht. Nach dem Tod ist das Ich das einzige *ureigene* Wesensglied, das dem Menschen *vollständig* bleibt. Während die drei bisher erläuterten Wesensglieder, physischer Leib, Ätherleib und Astralleib, bereits in einer urfernen Vergangenheit, von der die Wissenschaftler nicht einmal zu träumen wagen und von der in den religiösen Urkunden nichts zu finden ist, von den göttlich-geistigen Wesen geschaffen bzw. keimartig veranlagt wurden, ist das Ich noch ein sehr junges Wesensglied. Erst durch die Erdenmission Christi kann in jedem Menschen ein *individuelles* Ich aufleuchten. Christus hat jeden Menschen zum König gemacht. So wie ein weltlicher König die Hoheit und Macht über sein

Volk bzw. Reich hat, so hat jeder Mensch vermöge seines Ichs die Hoheit und die Macht über sein Seelenreich, über seine unteren Wesensglieder.

Um noch einmal auf die übliche Dreigliederung des Menschen (Körper, Seele und Geist) zurückzukommen: Der physische Leib in Verbindung mit dem Ätherleib repräsentiert den Körper, die Seele und der Geist werden – etwas vereinfacht dargestellt – durch den Astralleib und das Ich repräsentiert.

Es sei noch kurz angedeutet, dass es die Aufgabe des Menschen ist, im Zuge seiner geistig-seelischen Entwicklung aus seinen Ich-Kräften heraus ganz bewusst an der Veredelung seiner drei unteren Leiber zu arbeiten, um so in ferner Zukunft drei höhere Wesensglieder zu erwerben. Während der Mensch seine heutigen vier Wesensglieder ohne eigene Verdienste von den Göttern verliehen bekommen hat, muss er sich die drei zukünftigen selbst verdienen. Diese drei zukünftigen Glieder – *»Geistselbst«*, *»Lebensgeist«* und *»Geistesmensch«* (☛ auch Anhang, Tabelle 1, S. 126) – sind dasjenige, was man im eigentlichen Sinne als den »Geist« des Menschen bezeichnet.

Das Geistselbst, das man auch *»Höheres Selbst«* nennen könnte, kann sich der individuelle Mensch dadurch erwerben, dass er mit seinem Ich seinen Astralleib *bewusst* umgestaltet, vergeistigt. In dem Maße, wie er Herr über seine Triebe, Begierden, Leidenschaften usw. geworden ist, erscheint dieses Wesensglied im Astralleib. Für die Ausbildung des Geistselbst ist es zudem erforderlich, dass der Mensch sich mehr und mehr zu einem reinen Denken erhebt, das nicht an das gebunden ist, was die Sinneswelt ihm bietet.

Der Astralleib eines Menschen besteht also auch heute schon aus zwei Bereichen: dem bereits umgewandelten, veredelten und dem noch nicht umgewandelten. Das Geistselbst in seiner Offenbarung kann beim Menschen als »umgewandelter Astralleib« bezeichnet werden. Während der dem Menschen verliehene Astralleib das Ich wie eine äußere Hülle umgibt, wird das Geistselbst zu einem unverlierbaren inneren Bestandteil der menschlichen Individualität. Der bereits umgewandelte Teil des Astralleibes ist derjenige Extrakt, welchen der Mensch, nachdem er am Ende seines Kamalokalebens den größten Teil seines Astralleibes ablegt, nicht verliert, sondern als Frucht seiner bisherigen Inkarnationen auf seinen weiteren Weg mitnimmt. Wenn der Mensch in ferner Zukunft sein Geistselbst erworben hat, wird er keiner weiteren irdischen Verkörperung mehr bedürfen.

Analog kann der Mensch durch Veredelung seines Ätherleibes den Lebensgeist und durch die seines physischen Leibes den Geistesmenschen gewinnen.

Es ist sehr viel schwieriger, den Ätherleib oder gar den physischen Leib zu vergeistigen. Hier hat ein heutiger Durchschnittsmensch noch nicht sehr viel bewirken können. Erst wenn der Mensch in ur-urferner Zukunft das höchste Wesensglied, den Geistesmenschen, sein Eigen nennen kann, wird er vollständig vergeistigt, vollständig Geist sein. Dann hat er das Menschheitsziel erreicht.

Nun ist es aber nach dem Tode nicht so, dass das Ich das einzige Wesensglied des Menschen in den höheren Welten bleibt. Ähnlich wie der Mensch seinen Wesenskern, sein Ich, mit dem astralischen, ätherischen und physischen Leib umhüllt, wenn er ins Erdenleben tritt, umhüllt er sein Ich nach dem Tod nach und nach mit »Geistgliedern«, so dass er auch jetzt wieder ein *vier*gliedriges Wesen ist.

Während des Erdenlebens ist das Ich das höchste Wesensglied des Menschen. Etwa dann, wenn der Mensch nach dem Tod in die Sonnensphäre ( Anhang, Tabelle 2, S. 126) übergeht, ist sein Ich das unterste Wesensglied. Darüber hinaus hat er die drei Glieder, die er im physischen Dasein erst in ferner Zukunft haben wird, so dass er auch nach dem Tod wieder ein viergliedriges Wesen ist. Das Geistselbst, den Lebensgeist und den Geistesmenschen, die im gegenwärtigen Erdenleben nur der Anlage nach vorhanden sind, entwickelt er im Leben zwischen Tod und neuer Geburt in geistiger Beziehung.

✴ ✴ ✴ ✴ ✴ ✴

Nachdem der Mensch das Kamaloka durchlaufen und sich dadurch eine bestimmte Reife erworben hat, kann er nun mit voller Hingabe an die höheren Welten eine neue Daseinsstufe betreten. Er kommt jetzt in die *»obere Seelenwelt«*, also in die höchsten drei Regionen der Seelenwelt, in welche die eigentliche Geisteswelt schon hineinleuchtet. Hier beginnt schon eine Art *geistiger* Bezirk der Seelenwelt. Das Empfinden und Erleben, das der Mensch nun haben kann, hat eine ganz andere Qualität. Während der Kamalokazeit war die Seele noch stark mit sich selbst beschäftigt und in ihre Leiden verstrickt. Nun kann sich für sie mehr und mehr der Horizont für andere Wesen öffnen, insbesondere für andere menschliche Seelen, die sich auch in der Seelenwelt befinden, aber auch für hohe und erhabene Geistwesen.

Es sei nur kurz erwähnt, dass sich der Mensch, wenn er stufenweise die Reife und das Bewusstsein für die drei Regionen der oberen Seelenwelt gewinnt, immer weiter im Kosmos ausbreitet. Er beginnt langsam, sich über die Sphäre hinaus auszubreiten, die von der Umlaufbahn des Mondes begrenzt wird. Während er in der ersten Region der oberen Seelenwelt weilt, befindet er sich in der Merkursphäre. Entsprechend korrespondieren die beiden nächsten Regionen mit der Venus- und der Sonnensphäre (☛ auch Anhang, Tabelle 2, S. 126). Daher bezeichnete Rudolf Steiner einen Menschen, der durch die Pforte des Todes geschritten ist, auch als »Sphärenmensch«. Diese Ausdehnung ist natürlich mit einer entsprechenden Bewusstseinserweiterung verbunden. Dem Menschen kann jetzt alles gewahr werden, was dort webt und west, ohne die Fähigkeit zu verlieren, auch dasjenige wahrzunehmen, was in den unteren Sphären einschließlich der Erdenwelt geschieht.

1.1.3 Die Geisteswelt

Die »Geisteswelt« oder »geistige Welt« ist die höchste der drei übersinnlichen Welten. In den meisten Religionen wird sie »Himmel« genannt. In fernöstlichen Traditionen ist die Bezeichnung »Devachan« üblich, was wörtlich übersetzt »Gottesgebiet« heißt. Rudolf Steiner verwandte diesen noch nicht so assoziations-geladenen Begriff recht häufig.

Auch in der Geisteswelt kann man wieder sieben Regionen oder Sphären unterscheiden. Viele Menschen sind der Ansicht, es gäbe nur einen Himmel bzw. nur eine geistige Welt. Dass das nicht den Tatsachen entspricht, geht aber schon aus der Bibel hervor, da hier in sachgemäßen Übersetzungen sehr häufig die Pluralform »Himmeln« vorkommt.[19]

Der Apostel Paulus wusste ebenfalls, dass es mehrere Himmel gibt. So schreibt er etwa: »Ich weiß einen Menschen in Christus, vor vierzehn Jahren [...], dieser wurde in den dritten Himmel entrückt.«[20]

Der Koran erwähnt in mehreren Suren explizit einen siebten Himmel.
Wir kennen doch auch den Ausspruch »im siebten Himmel sein« als Bezeichnung für ein Gefühl der allerhöchsten Glückseligkeit. Diesen kann man durchaus als Indiz dafür werten, dass die Menschen früherer Tage wussten oder zumindest ahnten, dass es sieben Himmel bzw. sieben Regionen in der geistigen Welt gibt.

Die unteren vier Regionen der Geisteswelt ergeben die »untere«, die drei höchsten die »obere Geisteswelt«.

Schon in der Astralwelt sind alle Verhältnisse radikal verschieden von dem, was wir aus der Sinneswelt kennen und gewohnt sind. Das gilt in noch höherem

Maße für die Geisteswelt. Für alles, was hier webt und west, für alles, was hier geschieht, gibt es kaum passende Worte einer Menschensprache.

In der geistigen Welt befinden sich die Urbilder bzw. die schöpferischen Quellen für alles Geschaffene, also für alles Seelische, Lebendige, aber auch für alles Materielle. Hier ist das Wirkungsfeld der höchsten geistigen Wesen.

1.1.3.1 Das Leben des Menschen nach dem Tod in der Geisteswelt

Wenn der Mensch die Reife bzw. das Bewusstsein für die geistige Welt erworben hat, werden in den meisten Fällen schon viele Jahrzehnte, vielleicht sogar ein, zwei Jahrhunderte vergangen sein, seit er über die Schwelle des Todes geschritten ist. Während er die Regionen der Geisteswelt durchläuft, wird sich seine geistig-seelische Wesenheit immer mehr ausdehnen. In der Geisteswelt korrespondieren die ersten drei Regionen wieder mit Planetensphären: Mars, Jupiter, Saturn (☞ auch Anhang, Tabelle 2, S. 126). In den vier höchsten Regionen überschreitet der Mensch den planetarischen Kosmos und kommt in den Bereich des Fixsternhimmels bzw. in die Tierkreisregion. Der Mensch dehnt sich also, wenn er in die Geisteswelt kommt, über die Sonnensphäre hinaus weiter aus. Diesen ›Gang‹ des Menschen durch die Planetensphären hat *Rudolf Meyer*, Gründungsmitglied und Priester der Christengemeinschaft (*»Bewegung für religiöse Erneuerung«*), in seinem Gedicht *»Der Weltenpilger«* sehr schön und trefflich beschrieben (☞ Anhang, S. 130).

Auf seinem Weg bis hin zur Sonnensphäre, welche die Grenze zwischen der Seelenwelt und der Geisteswelt markiert, ist der Mensch ganz wesentlich mit der Aufbereitung und Verarbeitung seines abgelegten Lebens beschäftigt. Auch bei seinem weiteren ›Aufstieg‹ bis hin zur Saturnsphäre ist er noch stark auf sein letztes Erdenleben fokussiert.

Dann – wenn etwa die Hälfte seines nachtodlichen Lebens vorüber ist, wenn es zu dem, was Rudolf Steiner als *»Weltenmitternacht«* bezeichnet hat, kommt – wandert er wieder durch die Planetensphären zurück. Nun geht es für das Menschenwesen bei diesem ›Abstieg‹ insbesondere ganz wesentlich darum, den Geistkeim der physischen Leiblichkeit zu entwickeln, die ihn in der nächsten Inkarnation bekleiden soll, sowie das neue Erdenleben so weit zu planen, dass sich das notwendige Karma erfüllen kann. Hierbei wird der Mensch von hohen und höchsten Geistwesen (☞ Anhang, Tabelle 3, S. 127ff.), deren Weisheit den menschlichen Verstand übersteigt, und auch von den Seelen der Verstorbenen, mit denen er aus schicksalhaften Notwendigkeiten im nächsten Leben wieder zusammenkommen muss, unterstützt.

Zum Verständnis der zentralen Kapitel dieses Buches war es völlig hinreichend, das Leben des Menschen nach dem Tod – insbesondere die Phasen vom Ende der Kamalokazeit bis hin zur neuen Geburt – in aller Kürze und mehr aphoristisch zu beschreiben. Ein Leser, der sich mit diesem Thema näher befassen möchte, sei auf unsere Bücher »Die spirituelle Seite des Todes« sowie »Das Götterprojekt Mensch« (☞ S. 141f.) hingewiesen. In diesen finden sich sehr ausführliche Darstellungen über das gesamte nachtodliche Leben.

❖ ❖ ❖ ❖ ❖ ❖ ❖ ❖ ❖ ❖ ❖ ❖ ❖ ❖ ❖ ❖ ❖

Vielleicht hat der eine oder andere Leser bei der Aufzählung der übersinnlichen Welten bzw. Sphären die sogenannte »Hölle« vermisst, vor der im konfessionellen Christentum auch heute noch mit bisweilen drastischen Worten gewarnt wird.

Nun, zu der völlig abstrusen Vorstellung einer Hölle, in der gewisse Seelen bis ›in alle Ewigkeit‹ leiden müssen, in der sie die Ewigkeit ›absitzen‹ müssen, ohne auch nur die geringste Chance zu haben, ihre Entwicklung in eine andere Richtung zu lenken, kann man nur gelangen, wenn man die Wahrheit von den wiederholten Erdenleben ignoriert.

Wenn jeder Mensch wirklich nur *ein einziges* Erdenleben durchlaufen würde, so gäbe es ein Problem: Was macht man mit den abgrundtief schlechten Menschen? Da diese dann keine Gelegenheit hätten, in folgenden Inkarnationen sich zu ändern, sich zu veredeln, muss man zu einer Krücke greifen. Diese Krücke ist die Hölle, in die man solche bösen Seelen für alle Zeiten einsperren muss!

In Wahrheit hat jeder Mensch viel mehr die große Chance, sich im Verlaufe seiner folgenden Erdenleben immer mehr zu vervollkommnen, um sich so mehr und mehr dem Menschheitsziel anzunähern.

1.2 Der Tod macht *nicht* alle gleich!

Die Behauptung, dass der Tod alle gleich mache, hört man sehr häufig. Richtig ist sie aber nur, wenn man sie im trivial-materialistischen Sinn auffasst. Selbstverständlich verlieren sämtliche *weltlichen* Verdienste und Errungenschaften, die im Erdenleben eine Rolle spielen, nach dem Tod jedwede Bedeutung.

Es gibt weder reiche noch arme, weder gebildete noch ungebildete, weder prominente noch unbedeutende Tote. Nicht einmal von einer Geschlechtertrennung kann man sprechen. *Alle* geistigen Wesen – also auch die Sphärenmenschen – sind un- bzw. eingeschlechtlich.

Die These, der Tod mache alle Menschen gleich, ist aber ein Unsinn, wenn man sie so auffasst, dass nach dem Tod alle menschlichen Seelen das Gleiche empfinden, erleben und erfahren würden. Diese Vermutung ist ebenso gescheit, wie wenn man sagen würde: »Das Leben macht alle gleich!«

Auch wenn jeder Mensch, nachdem er über die Schwelle des Todes geschritten ist, im Grunde die gleichen Stationen, wie wir sie bisher skizziert haben, durchlaufen wird, so kann die Qualität dessen, was er dort erlebt und erfährt, durchaus sehr unterschiedlich sein. Das *konkrete* Erleben hängt ganz wesentlich davon ab, wie weit er in seiner geistig-seelischen Entwicklung bereits fortgeschritten ist und wie er sein letztes Erdenleben gestaltet und genutzt hat. Das nachtodliche Leben wird bei Menschen, die eine spirituelle Gesinnung hatten, in vielerlei Hinsicht anders verlaufen als bei materialistisch gestimmten.

Insbesondere die Zeit im Kamaloka, auf die wir uns hier beschränken können, kann sich für verschiedene Menschen höchst unterschiedlich gestalten. Zur Erinnerung: Die Zeitspanne, die ein Verstorbener im Kamaloka verbringt, entspricht in etwa einem Drittel der Dauer seines letzten Erdenlebens. Wenn ein Kind stirbt, so muss es das Kamaloka nicht durchmachen. Es wird sofort wieder in die Geisteswelt aufgenommen.

1.2.1 Das Eingewöhnen in der neuen Daseinssphäre

Es gibt unter denjenigen Zeitgenossen, die sehr wohl von einem Leben nach dem Tod überzeugt sind, immer noch sehr viele, welche die Meinung vertreten, dass es eine Selbstverständlichkeit wäre, dass die Verstorbenen mit dem nachtodlichen Leben von Anfang an bestens zurecht kommen würden, dass sie sofort alles verstehen und richtig einordnen könnten.

Doch das ist allerdings ein gewaltiger Irrtum!

Wie wir bereits zu zeigen versucht haben, darf man sich die Verhältnisse und Bedingungen, die in den Welten herrschen, die der Mensch ›betritt‹, nachdem er durch die Pforte des Todes geschritten ist, nicht ähnlich denen denken, die wir von unserer physischen Welt her kennen. Sie sind vielmehr völlig anders, radikal anders als alles, was wir aus unserem Erdenleben gewohnt sind. Ein Durchschnittsmensch weiß *unmittelbar* nach Eintritt des Todes natürlich nicht, dass er schon viele Erdenleben hinter sich hat und somit auch schon viele Male in der Welt war, in der er sich jetzt wieder befindet. Somit ist das für ihn nun wieder eine ›neue‹ Situation. Man kann sich leicht vorstellen, dass es für einen soeben Verstorbenen nicht gerade einfach ist, sich da zurechtzufinden. Er muss sich daran gewöhnen, ohne seinen physischen Leib und die daran gebundenen Sinnesorgane, die ihm während seiner gesamten irdischen Inkarnation treue Dienste geleistet hatten, auszukommen. Er muss verstehen lernen, dass er jetzt kein »verkörperter« Mensch mehr ist, sondern ein »entkörperter«. Alle Empfindungen und Eindrücke, die er jetzt gewinnen kann, sind völlig verschieden von denen, die er aus seinem Erdenleben kannte. Zu strahlend ist das Bewusstseinslicht, das ihn fast zu überwältigen droht.

Ein Mensch, der sich in seinem Erdendasein nie auch nur ein wenig damit befasst hat, was ihn nach seinem Tod erwartet, der sich keinerlei Erkenntnisse über das Leben zwischen Tod und neuer Geburt angeeignet hat, der sich womöglich nie mit spirituellen Themen befasst hat, wird zumindest in der ersten Zeit wenig verstehen. Er wird möglicherweise zunächst gar nicht begreifen, dass er gestorben ist. Man kann sich unschwer vorstellen, dass es zu großen Angstzuständen führen *kann*, wenn jemand permanent die mannigfaltigsten Wahrnehmungen macht, die er aber nicht einordnen kann, wenn er gar nicht weiß, *wo* er eigentlich ist.

Man muss also ganz gewiss davon ausgehen, dass sich nicht jeder Mensch in der neuen Umgebung gleich schnell und gleich gut zurechtfindet.

Insbesondere ein solcher Mensch, der zu Lebzeiten davon überzeugt war, dass es nach dem Tod *keine* Existenz mehr gäbe, wird möglicherweise geraume Zeit brauchen, um zu erkennen, dass er jetzt nicht etwa träumt, sondern wirklich in einer anderen Welt und unter gänzlich anderen Daseinsbedingungen *lebt*.

Wie bereits geschildert wird der Mensch von seinem persönlichen Engel, der ihm schon in allen früheren Erdenleben zur Seite stand, an der Pforte des Todes in Empfang genommen. Der Engel wird ihn auch in der gesamten Zeit zwischen Tod und neuer Geburt begleiten. Ein Mensch, der sich im Erdensein nie Vorstellungen über seinen Engel gemacht hat oder diesen gar als nicht existent betrachtet hat, wird ihn anfangs nicht als solchen zu erkennen vermögen. Er wird nicht verstehen können, was dieser – und später auch weitere Engel, die höheren Reichen angehören (☛ Anhang, Tabelle 3, S. 127ff.), – für ihn tun und ihm reichen wollen.

Kommen wir noch einmal auf die die Nahtod-Erlebnisse zurück, von denen etliche Menschen berichten.

Die meisten von ihnen machten die Erfahrung, zunächst – noch bevor das gewaltige Lebenspanorama in ihr Blickfeld trat – so etwas wie einen dunklen ›Tunnel‹ passieren zu müssen, an dessen Ende ein unbeschreiblich warmes und helles Licht zu sehen gewesen sei. Die Aussage von diesem Licht zieht sich durch fast alle Berichte. Die meisten hatten nicht den leisesten Zweifel, dass dieses Licht ein lebendiges Wesen sei, ein ›Lichtwesen‹. Manche interpretierten es als Gott, einen Heiligen, die Gottesmutter Maria oder einen Engel. Einige sahen darin eine wesenlose ›Lichtfülle‹ oder eine wesenlose ›Energieanballung‹. George C. Ritchie spricht von einem »Mann aus Licht«.

»Ich war voller Erstaunen, wie die Helligkeit zunahm. Sie kam von nirgendwo her und schien überall gleichzeitig zu sein. [...] Jetzt sah ich, dass es nicht ein Licht war, sondern ein Mann, der den Raum betreten hatte, oder vielleicht mehr ein Mann aus Licht.«[21]

Wie sind diese unterschiedlichen Identifizierungsversuche zu erklären?

Die Art und Weise, wie ein Mensch nach dem Tod wahrnimmt und wie er das Wahrgenommene einordnet und versteht, ist stark davon abhängig, welche Vorstellungen und Begriffe er sich in seinem Erdenleben gebildet hat. Mit diesem ›Material‹ muss er sich nach dem Tod ›seine Welt‹ aufbauen.

Somit lässt sich auch erklären, dass Menschen, die Nahtod-Erfahrungen gemacht haben, dieses ›Lichtwesen‹ unterschiedlich identifizieren. *Objektiv* betrachtet wird es sich bei diesem Lichtwesen in den meisten Fällen um den persönlichen Schutzengel des Menschen handeln. Wenn nun ein Mensch in seinem Erdendasein nicht an Engel geglaubt hat oder keine richtigen Vorstellungen über Wesen und Aufgaben der Engel gewinnen konnte, so ist verständlich, dass er nach dem Tod seinen Engel auch nicht als solchen zu erkennen vermag. In der katholischen Kirche hat die Marienverehrung eine große Tradition. Viele Katholiken glauben oder hoffen, dass die Mutter Jesu ihnen in der Sterbestunde beistehen wird. In einigen Mariengebeten und -liedern wird explizit um diesen Beistand gebeten. Dass ein solcher Mensch, der mit dieser Hoffnung durchdrungen durch die Pforte des Todes schreitet, das Lichtwesen für die Maria hält, ist nachvollziehbar. Für diesen Menschen ist es eine ›Realität‹, dass er soeben der Mutter Jesu begegnet ist, obwohl es sich de facto höchstwahrscheinlich um seinen Engel handelt. Genauso gut kann man nachvollziehen, dass etwa ein Materialist oder Atheist in diesem Lichtwesen nichts anderes als eine wesenlose ›Energieanballung‹ zu sehen vermag.

Trotz aller Schwierigkeiten, die sich den verstorbenen Menschen in der ersten Zeit nach dem Tod darbieten, wird es den *meisten* nach einiger Zeit gelingen, sich in die neuen Verhältnisse einzuleben und die vielfältigen Wahrnehmungen zumindest weitgehend richtig einzuordnen.

1.2.2 Erdgebundene Seelen

Es gibt heute allerdings etliche Verstorbene, die *lange Zeit* keine rechte Beziehung zu den höheren Welten finden können, die sich noch viel zu stark mit dem abgelegten physischen Leib identifizieren und noch eine zu starke Hinneigung zu der verlassenen Erdenwelt haben. Sie können sich zunächst nicht zu der Erkenntnis aufschwingen, dass das, was nur mit der irdischen Welt zu tun hat wie etwa Besitz, Macht, Wohlstand und dergleichen, nun nicht mehr von Bedeutung sind. Diese Seelen waren in ihrem Leben zumeist solche, die eine materialistische Gesinnung hatten und die von einem Leben nach dem Tod nichts wissen wollten. Jetzt, nachdem sie dieses nachtodliche Leben angetreten haben, kommen sie mit diesem nicht zurecht. Sie wollen mit der Seelenwelt nichts zu tun haben. Am liebsten würden sie sich wieder mit ihrem physischen Leichnam verbinden. Nun schweben sie für lange Zeit über der irdischen Sphäre, in einem erdnahen Bereich und versuchen, die unterschiedlichsten – meist negativen – Einflüsse auf die lebenden Menschen auszuüben. Man spricht hier von »erdgebundenen« oder »erdgebannten Seelen«.

Nach den geistigen Forschungsergebnissen Rudolf Steiners können solche Menschen zu erdgebundenen Seelen werden, die sich im Erdenleben keine spirituellen Erkenntnisse angeeignet haben, die geeignet wären, nun nach dem Tod das Leben in der Seelenwelt beleuchten zu können. Diese Menschen haben sich in ihrem Leben ausschließlich Vorstellungen, Begriffe und Empfindungen über materielle, sinnliche Tatbestände, Begebenheiten und Zusammenhänge gemacht und haben es verschmäht, spirituelle Vorstellungen zu erwerben. Daher ist es für solche Menschen lange Zeit unmöglich, rechtmäßig in die übersinnlichen Welten einzuziehen. Sie können die höheren Welten nicht mit ihrem Erkenntnislicht beleuchten. Sie verbleiben in der Erdensphäre und ›laufen‹ gewissermaßen noch als Tote auf der Erde herum.

»Also, ob wir hier geistige Begriffe aufnehmen oder nicht, das bestimmt unsere Umgebung drüben. Viele von denen, die – man kann es nur mit Mitleid sagen – sich gesträubt haben oder verhindert waren, geistige Begriffe hier im Leben aufzunehmen, die wandeln auch noch als Tote auf Erden umher, bleiben mit der Erdensphäre in Verbindung. Und da wird dann die Seele des Menschen, wenn sie nicht mehr abgeschlossen ist von der Umgebung durch den Leib, der nun nicht mehr verhindert, dass sie zerstörerisch wirkt, da wird die Seele des Menschen, wenn sie in der Erdensphäre lebt, zum zerstörenden Zentrum. Also betrachten wir diesen, ich möchte sagen, mehr normalen Fall, dass unter den gegenwärtigen Verhältnissen Seelen nach dem Tode in die geistige Welt hinüberkommen, die ganz und gar nichts wissen wollten von spirituellen Begriffen und Empfindungen: sie werden zu zerstörerischen Zentren, weil sie in der Erdensphäre aufgehalten werden. Nur Seelen, welche schon hier durchdrungen sind von einem gewissen Zusammenhang mit der geistigen Welt, gehen durch die Pforte des Todes so, dass sie in der richtigen Weise in die geistige Welt aufgenommen, der Erdensphäre entrückt werden und jene Fäden spinnen können auch zu den hier Zurückgebliebenen, welche fortwährend gesponnen werden.«[22]

Diese bedauernswerten Menschen müssen so lange in diesem Zustand bleiben, bis sie hinreichend viele geistige Begriffe aufgenommen haben, dass sie dadurch in die höheren Welten getragen werden können. Es ist aber in den übersinnlichen Welten nicht so ohne weiteres möglich, ein geistiges Wissen zu erwerben, also etwas nachzuholen, was man im Erdenleben versäumt hat. Wir werden in Kapitel 3 zeigen, wie wir von der Erdenwelt aus, diese Verstorbenen gewissermaßen unterrichten können.

Vieles, was an zerstörerischen, destruktiven Kräften und Impulsen innerhalb der Erdensphäre wirkt, rührt von diesen erdgebannten Toten her. Auch die eine oder andere Spukerscheinung mag von diesen erdgebundenen Toten stammen. Man muss mit diesen Menschen Mitleid haben, denn die Erfahrung, jetzt in einer Sphäre bleiben zu müssen, die dem Verstorbenen nicht angemessen ist, kann äußerst schlimm und bedrückend sein. Selbstverständlich werden aber auch diese Seelen diejenigen Erlebnisse haben und Erfahrungen machen, die für die anderen Verstorbenen charakteristisch sind. Sie kommen aber an das *rechtmäßige* Erleben in den höheren Welten nicht richtig heran. Sie nähern sich ihm mit einer gewissen Scheu und Furcht und fallen immer wieder in das Reich zurück, für das alleine sie sich im Erdenleben Vorstellungen gebildet haben.

Gerade in unserem gegenwärtigen materialistischen Zeitalter muss man von einer durchaus erheblichen Anzahl von Seelen ausgehen, die in dieser erdnahen

Sphäre verbleiben müssen und unter Umständen sogar schädlich auf die Lebenden einwirken können. Das wird auch durch die aktuellen geistigen Forschungsergebnisse von Dr. Iris Paxino bestätigt: Eine besondere Disposition, der erdnahen Sphäre verhaftet zu bleiben, haben nicht nur Materialisten und Atheisten. Selbst durchaus religiös gesinnte bzw. spirituell interessierte Menschen können unverhältnismäßig lange in der Erdensphäre hängenbleiben, sofern ihre Vorstellungen über geistige Themen, also auch ihre Gedanken über das Leben nach dem Tod, zu dogmatisch, starrsinnig oder autoritätsgläubig waren. Das gleiche Schicksal kann auch Drogentoten, Selbstmördern und Schwerverbrechern drohen.[23]

Die erdgebundenen Toten klammern sich oftmals sehr stark an ihre Familienmitglieder, die sie auf der Erde zurücklassen mussten. Wenn ein Mensch sehr sensitiv oder gar etwas hellfühlig ist, kann er das bisweilen bemerken, was zu sehr beklemmenden Gefühlen führen und recht belastend sein kann.

1.2.3   Der Läuterungsprozess im Kamaloka

Wie bereits dargestellt müssen die meisten Seelen in den vier Regionen der unteren Seelenwelt, dem Kamaloka, durchaus sehr unangenehme und leidvolle Erfahrungen durchmachen. Die Seele muss sich aller Begierden, Triebe und Wünsche entledigen, die insbesondere in der Geisteswelt, im Devachan bzw. Himmel, keine Berechtigung haben. Das kann durchaus sehr qualvoll sein. Allerdings wäre es ein völliger Unsinn, wenn man dabei an eine Bestrafung denken würde. Vielmehr könnte man von einem ›Erziehungsprozess‹, der eine Läuterung und Veredelung zum Ziel hat, sprechen.

Als wie qualvoll eine Seele diesen Prozess der Reinigung empfindet, hängt ganz wesentlich davon ab, wie niedrig und wie stark diese Begierden usw. waren.

Dieser Prozess kann insbesondere bei einem Menschen, der zu Lebzeiten eine *starke* Begierde nach sinnlichen Genüssen hatte, äußerst schmerzhaft und mit großen Qualen verbunden sein. Seine Begierden werden – bildlich gesprochen – wie durch ein Feuer verzehrt.

Rudolf Steiner brachte als Beispiel immer wieder einen genusssüchtigen Menschen, einen extremen Feinschmecker.[24] Stellen Sie sich vor, der Verstorbene wäre ein Mensch gewesen, dem der Gaumenkitzel sehr viel bedeutet hat, der also die Begierde nach erlesenen Speisen und Getränken hatte. Diese Begierde konnte er aber nicht mit seinem physischen Körper einfach ablegen; sie steckt ja im Astralleib, den er im Kamaloka noch trägt. Somit hat er auch jetzt in der ersten Zeit nach seinem Tod nach wie vor die Begierde nach diesen Genüssen. Er findet aber keine Möglichkeit mehr, diese zu befriedigen, denn dazu bräuchte er eine Zunge, einen Gaumen usw. Nun ›schaut‹ er in die physische Welt, die er verlassen hat, ›hinunter‹ und hält ›Ausschau‹ nach etwas, was ihm Genuss bereiten könnte. Aber die Möglichkeit des Genusses ist nicht mehr gegeben. Die fehlende Möglichkeit, seine Begierden befriedigen zu können, bereitet ihm ein Gefühl, das man mit einem brennenden Durst vergleichen könnte. Man mag sich gar nicht vorstellen wollen, wie stark nun jemand leiden könnte, der – wie das in der heutigen Zeit ja fast schon zu einer Art Ideal geworden ist – ein ausschweifendes und zügelloses Sexualleben hatte. Diese Phase ist auch für jemanden, der alkoholabhängig oder drogensüchtig war, besonders hart.

Es mag nun durchaus vom Erkenntnisstand des Menschen, den er sich zu Lebzeiten erworben hat, abhängen, inwieweit er mit dieser harten Situation zurechtkommt. Man darf vermuten, dass ein krasser Materialist diese als sinnlose Bestrafung auffassen könnte. Jemand, der sich, während er noch verkörpert war, Kenntnis vom Kamaloka erworben hat, wird die Leiden als einen notwendigen und förderlichen Reinigungsprozess ansehen und – vielleicht sogar dankbar – akzeptieren. Er weiß, dass seine ungeläuterten Begierden der Vervollkommnung seiner Seele im Wege stehen und ihn daran hindern, in die höheren Sphären aufzusteigen. Er wird regelrecht nach dieser Läuterung verlangen. Die Dauer dieser Phase hängt natürlich davon ab, wie viele solcher Begierden der Mensch zu Lebzeiten hatte und wie stark diese waren.

1.2.4 Das erneute ›Durchleben‹ des letzten Erdenlebens

Während seiner Kamalokazeit ›durchläuft‹ der Mensch noch einmal sein komplettes letztes Erdenleben, beginnend mit seinem Tod bis hin zu seiner Geburt (☛ S. 30ff.). Dieses erneute Durchleben seiner letzten Inkarnation verläuft parallel zu allem anderen, was er im Kamaloka bzw. in der Mondensphäre erlebt.

Wie bereits erläutert sind hierbei zwei große Unterschiede zu dem abgelegten Erdenleben zu berücksichtigen: Zum einen verläuft dieses Nacherleben jetzt in zeitlich rückwärtiger Reihenfolge – beginnend mit dem Sterbetag bis hin zum Tag der Geburt – und zum anderen erlebt der verstorbene Mensch jetzt jede Begegnung, die er mit einem anderen Menschen hatte, aus dessen Perspektive. Das bedeutet, dass er jetzt in der eigenen Seele spürt, wie seine Taten und Worte auf seine Mitmenschen gewirkt haben, wie sie diese geschmerzt oder aber auch erfreut und gefördert haben.

Wenn also der Mensch in seinem Erdenleben einem anderen einen körperlichen oder seelischen Schaden zugefügt hat, so erlebt er das jetzt im Nachtodlichen zum entsprechenden ›Zeitpunkt‹ aus der Sicht des betreffenden Mitmenschen. Dabei macht es keinen Unterschied, ob der betreffende Mitmensch auch bereits entkörpert oder noch verkörpert ist. Er durchlebt jetzt alle Gefühle, die damals der andere empfunden hat.

Wenn er beispielsweise einmal jemanden schwer beleidigt oder jemandem eine Ohrfeige gegeben hat, so fühlt er jetzt den Schmerz und alle anderen Gefühle, die sein Mitmensch zu jener Zeit hatte. Er erlebt es aus der Sicht des anderen. Er ›steckt‹ gewissermaßen im anderen Menschen ›drin‹.

Während dieses nochmaligen Durchlebens hat der Mensch das Gefühl, wie wenn er im Raume ›aufgeteilt‹ wäre. Er fühlt sich stückweise überall da, wo er sich durch sein Rückerleben zu befinden hat. Er fühlt sich möglicherweise mit einem Teil seines Wesens in München, mit einem anderen in Berlin und mit einem wiederum anderen vielleicht außerhalb der Erde.

»Man fühlt sich sozusagen zerstückelt und die dazwischenliegenden Räume als nicht zu sich gehörig.«[25]

Wenn also der Mensch, den er beleidigt hat, zum gegenwärtigen Zeitpunkt etwa in München wohnt, so fühlt er einen Teil seines astralischen Leibes in München und empfindet dort, wie das auf den anderen gewirkt hat. Wenn derjenige, dem er eine Ohrfeige versetzt hat, selbst schon gestorben ist, so fühlt er sich mit einem anderen Teil des Astralleibes im Kamaloka, wo er jetzt selbst ist.

Man kann sich leicht ausmalen, was ein verstorbener Mensch, der anderen Menschen weitaus Übleres angetan hat, alles zu ertragen hat. Selbstverständlich durchlebt er nicht nur die Schmerzen, sondern auch die Freuden und Wohltaten, die er einem Mitmenschen bereitet hat. Erst jetzt kann er wirklich wissen, welche Bedeutung seine Handlungen und Worte für seine Mitmenschen hatte. Es sind ja oftmals scheinbare Kleinigkeiten, die wir im irdischen Dasein verrichten und die dann aber für andere sehr segensreich sein können. Das wird ihm nun alles bewusst. Das tritt in aller Deutlichkeit und Klarheit vor sein Seelenauge. Die Wirkungen seines eigenen Verhaltens haben sich in den Kosmos eingeschrieben. Jetzt kommen diese Wirkungen auf ihn selbst zurück. In dieses Erleben der Biografie mischt sich eine moralische Beurteilung, die ganz wesentlich von seinem Engel ausgeht. Der Mensch kann erkennen, welchen objektiven Wert seine Handlungen, Gedanken und Gefühle für seine Umwelt und die übersinnlichen Welten hatte. Es ist nun sein innigster Wunsch, sein Fehlverhalten wieder gutmachen zu können. Diese Möglichkeit ist aber in den höheren Welten im Leben nach dem Tod nicht gegeben. Diese Erkenntnis kann ihm noch mehr Leid bereiten als die Schmerzen, die er einem anderen Menschen zugefügt hat und die er nun selbst empfindet. Er fühlt, dass er seine Verschuldungen erst im nächsten Erdenleben wieder ausgleichen kann.

Alle Schmerzen, die ein Mensch den Wesen der Tierwelt bereitet hat, muss er jetzt ebenfalls selbst aushalten und durchmachen. Auch hier wäre es wieder ein Unsinn, wenn man das als Strafe auffassen würde. Dieses erneute Erleben der eigenen Biografie ist absolut notwendig, damit er sich seiner Verfehlungen bewusst wird. Dadurch wird insbesondere seine Selbsterkenntnis, die er als eine der wichtigsten Grundlagen für das nachtodliche Bewusstsein benötigt, erhöht.

Also auch im Hinblick auf dieses erneute Durchmachen des letzten Erdenlebens kann keine Rede davon sein, dass der Tod alle Menschen gleich mache. Während einige jetzt sehr viel Schmerzvolles erleben werden, können andere durchaus beseligende Erfahrungen machen.

1.2.5 Zusammenleben mit anderen Verstorbenen

Schon recht kurze Zeit, nachdem der Mensch durch die Pforte des Todes geschritten ist, kann er die Seelen anderer Menschen, die schon vor ihm gestorben sind, wahrnehmen. Mit diesen Seelen kann der Mensch jetzt ein viel innigeres Zusammenleben pflegen, als es im Erdendasein jemals möglich sein könnte. Solange der Mensch noch im Kamaloka weilt, hat er im Wesentlichen nur eine Wahrnehmung für die Seelen derjenigen Verstorbenen, mit denen er im Erdenleben recht eng verbunden war, die also zu seinem Schicksalskreis gehören.

Ein Mensch, der zu Lebzeiten stark in seinem Egoismus aufgegangen ist, der vorwiegend bemüht war, seine Bedürfnisse, Begierden und Triebe zu befriedigen, wird im Kamaloka sehr stark damit beschäftigt sein, sich dieser zu entwöhnen. Ein solcher wird nicht leicht Wesen finden können, die ihm im Erden-leben nahestanden.[26] Er wird hier sehr einsam sein. Ein Mensch, der in seinem irdischen Dasein nicht nur seinen egoistischen Interessen und Bedürfnissen nachgejagt hat, der sich auch mit etwas, was es außer ihm noch gab, etwa mit seinen Mitmenschen, befasst hat, wird im Kamaloka kein ganz einsamer Mensch sein. Er wird hier seine Angehörigen, Freunde und Bekannten treffen. Er lebt also bald inmitten der Seelen, die seinen Schicksalskreis bilden. Ähnlich wie ein Mensch im Laufe seines irdischen Daseins seinen Bekanntenkreis erweitert, ist es auch nach dem Tod. In den Regionen der oberen Seelenwelt und in der Geisteswelt wird er dann auch mit Seelen, die er in seinem Erdenle-ben gar nicht kennengelernt hat, zusammentreffen können. Es können dann spi-rituelle Bekanntschaften zwischen einem großen Teil der Menschheit geschlos-sen werden.

Nun ist, was das Zusammenleben der Seelen anbelangt, noch ein ganz wichtiger Aspekt zu berücksichtigen. Die Verhältnisse, die solche Seelen jetzt unterein-ander haben, richten sich noch ganz nach denen, die sie im Erdendasein ausge-bildet haben. An diesen Verhältnissen und Beziehungen kann in den übersinn-lichen Welten nichts mehr geändert, also insbesondere auch nichts mehr ver-bessert werden; an diese muss angeknüpft werden. Die Seelen wissen sofort, wie ihr Verhältnis im Leben war. Nur haben sie jetzt in den übersinnlichen Welten nicht mehr die Möglichkeit, dieses zu ändern, wie es noch auf der Erde jederzeit möglich gewesen wäre. Es muss so bleiben, wie es ist. Die Konse-quenzen müssen ausgelebt werden. Das kann der Seele sehr bedrückende Ge-fühle bescheren.

Wenn wir auf der Erde die Einsicht gewinnen, dass wir etwa einem anderen Menschen nicht genügend Liebe und Zuwendung geschenkt haben, so können wir das jederzeit ändern. Wir können unser Verhalten zu diesem Menschen än-dern, solange er noch verkörpert ist. Wir können unser liebloses Verhalten in der einen oder anderen Form wieder ausgleichen, wieder gutmachen. So können wir etwa um Verzeihung bitten oder uns mit diesem Menschen aussprechen. Wir können darüber hinaus diesem Menschen anschließend mehr Zuneigung und Hinwendung schenken.

In der Seelenwelt erinnert sich die Seele noch sehr wohl an solche Defizite. Wenn sie jetzt durch ihre Erinnerung die Einsicht erhält, einem anderen Menschen Zuneigung schuldig geblieben zu sein, so fehlt ihr jede Möglichkeit, das wieder auszugleichen, das wieder gutzumachen. Wenn dieser Mensch mittlerweile auch durch die Pforte des Todes geschritten ist, so trifft sie ihn wieder. Der Mensch trifft den anderen so wieder, wie er zu Lebzeiten zu ihm gestanden ist. An diesem Status kann er jetzt nichts mehr ändern; dieser ist wie ›einge-froren‹. Er verspürt in seinem Inneren den Vorwurf, sich zu Lebzeiten falsch verhalten zu haben, ihm nicht genügend Liebe und Aufmerksamkeit geschenkt zu haben. Aber er kann es nicht mehr kompensieren. Dadurch, dass jetzt nichts mehr gutgemacht werden kann, obwohl der Mensch den dringenden Wunsch dazu verspürt, bildet sich in seiner Seele **»die Kraft aus, durch welche sich das Karma ordnet«**.[27] Der Mensch bildet dadurch die Kraft aus, es in seiner nächsten Inkarnation besser zu machen, es karmisch wieder auszugleichen.

1.2.6 Projizierte ›Realitäten‹ im Nachtodlichen

In Abschnitt 1.2.1 (☛ S. 40ff.) wurde bereits angedeutet, dass ein Sphären-mensch vieles von dem, was er in der Seelenwelt wahrnimmt und erfährt, so deutet und erlebt, wie es seinen Begriffen und Vorstellungen entspricht, die er sich im Erdenleben gebildet hat. Das erklärt ja auch die Tatsache, dass Men-schen, die Nahtod-Erfahrungen gemacht haben, ihren Engel nicht als solchen zu erkennen vermochten und ihn als die Gottesmutter, einen Heiligen, einen »Mann aus Licht« oder eine wesenlose ›Energieanballung‹ identifizieren.

Es gibt heute etliche Zeitgenossen, die sich höchst absurde Vorstellungen über das nachtodliche Leben gebildet und diese verinnerlicht haben. So glauben viele, nach dem Tod in einer Welt zu leben, die mit einem ›irdischen Paradies‹ vergleichbar sei, in dem Mensch und Tier in trauter Eintracht leben und ewige Freuden genießen würden. Solche Vorstellungen werden von einigen Jenseits-botschaften, die von Verstorbenen durch ein Medium vermittelt werden, ge-nährt. In diesen ist oftmals von einer ›Landschaft‹ mit saftig grünen Wiesen, herrlichen Blumen, sanften Hügeln, Wäldern und Seen die Rede. Auch die Tätigkeiten der verstorbenen Seelen werden oftmals so dargestellt, dass man zwangsläufig an ganz normale irdische Verhältnisse denken muss. Sogar von dem Genuss köstlicher Speisen und erlesener Getränke wird berichtet. Dass ein solches Szenario mit der Realität nichts zu tun hat, muss wohl nicht mehr er-wähnt werden.

   Man könnte zunächst einmal mutmaßen, dass die Berichterstatter in solchen Fällen vielleicht etwas platte Bilder, die jeder aus der Sinneswelt kennt, heran-ziehen, um die tatsächlichen Vorgänge und Erlebnisse *vergleichsweise* darzustellen. Das mag sich in einigen Fällen durchaus so verhalten. Es könnte aber auch möglich sein, ja es ist sogar sehr wahrscheinlich, dass einige Verstorbene, die sich über ein Medium melden, diese Wahrnehmungen und Erlebnisse nach ihrem Tod *wirklich* haben.

Nun schreibt Rudolf Steiner in seinem Werk »Theosophie« etwas höchst Erstaunliches! Es geht um die Charakterisierung der Erlebnisse die manche Verstorbene haben, während sie in der fünften Region der Seelenwelt weilen. Das ist die erste Region der höheren Seelenwelt, also die Merkursphäre.

> **»Auch diejenigen Seelen, welche von ihren religiösen Verrichtungen zunächst eine Erhöhung ihrer sinnlichen Wohlfahrt verlangen, werden hier geläutert. Sei es, dass ihre Sehnsucht auf ein irdisches, sei es, dass sie auf ein himmlisches Paradies gehe. Sie finden im ›Seelenlande‹ dieses Paradies; aber nur zu dem Zwecke, um die Wertlosigkeit desselben zu durchschauen.«**[28]

Es ist ja bisher schon klar herausgearbeitet worden, dass man sich die übersinnlichen Welten, weder die Seelenwelt noch die Geisteswelt, nicht so vorstellen darf, dass man sie mit etwas vergleichen könnte, was wir von unserer Erde her kennen. Erst recht darf man sie sich nicht wie ein ›Paradies‹ vorstellen, wie wir das möglicherweise in unseren Kindertagen noch geglaubt haben. Es gibt aber immer noch viele erwachsene Menschen, die es nie geschafft haben, eine solche naive Vorstellung zu überwinden. Rudolf Steiner schreibt also etwas schier Unfassbares; er schreibt, dass solche Seelen in dieser Region der Seelenwelt ein solches ›Paradies‹, so wie sie sich das zu Lebzeiten immer vorgestellt haben, *tatsächlich* vorfinden werden! Man muss wohl davon ausgehen, dass es sich dabei nicht einmal nur um eine Illusion handelt. Eine mit solchen Vorstellungen behaftete Seele wird sich also in der Tat eine Zeit lang in einem solchen Dasein befinden. Das kann natürlich eine sehr ›angenehme‹ Zeit sein. Aber was ist der Sinn dieses ›paradiesischen Lebens‹? Es geht hier nicht etwa um eine Belohnung, sondern um eine *Läuterung*! Die Seele muss nun langsam erkennen lernen, dass ein solches Paradies völlig wertlos und nichtig ist, dass ein solches Leben, so erfreulich das auch immer sein mag, diese Seele niemals weiterbringen könnte! Man kann sich vorstellen, dass das ein recht schmerzlicher Erkenntnisprozess sein dürfte.

Wenn man die folgende Aussage von Rudolf Steiner heranzieht, kann man durchaus schließen, dass der Verstorbene nicht nur in der Merkursphäre, son-

dern vielleicht sogar in der gesamten Seelenwelt seine ›individuellen Realitäten‹ vorfinden kann:

»Indem der Mensch unter den gegenwärtigen Entwickelungsbedingungen durch
die Pforte des Todes tritt, nimmt er die Bewusstseinsbedingungen mit, welche er
sich selbst hergestellt hat zwischen der Geburt und dem Tode. Derjenige Mensch,
welcher unter den gegenwärtigen Verhältnissen ganz und gar sich nur beschäftigt
hat mit Vorstellungen und Begriffen und Empfindungen über die materielle, über
die Sinneswelt, der verurteilt sich unter den gegenwärtigen Verhältnissen dazu,
dass er nach dem Tode nur in einer Umgebung lebt, auf welche die während des
leiblichen Lebens ausgeprägten Begriffe Bezug haben. Während der, welcher
spirituelle Vorstellungen aufnimmt, rechtmäßig in die geistige Welt einzieht, muss
derjenige, der es ablehnt, geistige Vorstellungen aufzunehmen, in gewissem Sinne
in irdischen Verhältnissen verbleiben, [...]«[29]

Wenn ein Mensch sich in seinem Erdenleben ausschließlich mit sinnlichen
Vorstellungen und Begriffen beschäftigt haben sollte, so bekommt er in sein
Bewusstsein und in alles, was sich in seiner Seele abspielt, auch nur sinnliche
Vorstellungen und Begriffe aus dem alltäglichen Leben hinein. Mit diesem
›Material‹ muss er sich nach dem Tod ›seine Welt‹ aufbauen. Das, was im
Erdendasein die Innenwelt ist, wird ja nach dem Tod zur Außenwelt und umge-
kehrt. Also diejenigen Vorstellungen, Wünsche, Gefühle usw., die der Mensch
in seinem Leben hatte, werden nach außen gekehrt. Somit liegt es auf der Hand,
dass die nachtodliche Außenwelt eines Menschen *weitgehend* dem entsprechen
wird, was er sich in seinem Erdenleben darüber an Vorstellungen gebildet hat
und was er an Wünschen hegte. Wenn also jemand etwa den Wunsch oder die
Vorstellung hatte, nach dem Tod in einem Paradies zu leben, so wird ihm seine
Außenwelt, also seine nach außen projizierten Wünsche und Vorstellungen, nun
auch so erscheinen. So gesehen ist es durchaus richtig zu sagen, dass es nach
dem Tod schier unendlich viele ›Realitäten‹ gebe, nämlich so viele, wie es verschiedene Vorstellungen und dergleichen gibt, welche die jeweiligen Menschen
haben.

Man kann sich durchaus vorstellen, dass ein Mensch, der es verschmäht hat,
sich im Erdenleben zumindest einigermaßen richtige Vorstellungen über die
übersinnlichen Welten anzueignen, insbesondere in der ersten Zeit nach dem
Tod vieles von dem, was er dann wahrnehmen kann, nicht richtig einzuordnen
versteht.

Die Möglichkeit, dass ein Mensch nach dem Tod in einer ›Realität‹ lebt, die lediglich eine Projektion seiner irdischen Vorstellungen und Wünsche darstellt, ist ein mindestens genauso schlimmes Schicksal, wie wenn ein Lebender aufgrund schwerer Psychosen dauernd in einer Scheinwelt lebt. Ein solcher Verstorbener kann möglicherweise sein nachtodliches Leben nicht so durchmachen, dass er die notwendigen Impulse und Kräfte finden kann, die für seine nächste Inkarnation notwendig sind. Für einen solchen, der sich etwa in einer Art ›Paradies‹ wähnt, kann man nur hoffen, dass er möglichst bald die Sinnlosigkeit und Nichtigkeit seiner erlebten ›Realität‹ zu erkennen vermag, um so in seiner Entwicklung rechtmäßig voranschreiten zu können.

Kapitel 2

Das Hereinwirken der Toten in die Erdenwelt

Es ist ja das Anschauen der Welt unendlich bereichernd,
wenn man, wenn ich es so ausdrücken darf,
bei der Betrachtung der in der Welt wirkenden Seelen
– und das sind ja zum Schluss alle Menschen –
nicht immer anzufangen hat da,
wo die Menschen auf die Erde hereintreten,
und aufzuhören hat da, wo sie sterben;
denn sie fangen da ja gar nicht an zu wirken,
sie hören da ja gar nicht auf zu wirken.
In dem, was sich geistig abspielt,
wirken ja nicht bloß etwa diejenigen Seelen,
die auf Erden heute verkörpert sind,
sondern andere Seelen, die heute zwischen dem Tode
und einer neuen Geburt stehen und die Strahlen
ihres Wirkens hereinsenden auf die Erde.

Rudolf Steiner[1]

**A**uf etlichen Grabsteinen, auf vielen Kranzschärpen sowie in Todesanzeigen kann man immer wieder lesen: »Ruhe in Frieden«, »Ruhe sanft«, »Zur letzten Ruhe« o.ä. Das wird dann meistens so aufgefasst, dass die Verstorbenen nichts zu tun hätten, dass sie keine Aufgaben hätten, dass sie ein durch und durch beschauliches Dasein führten.

Das nachtodliche Leben eines Menschen hat mit »Ruhe« allerdings nicht das Geringste zu tun. In den übersinnlichen Welten gibt es kein Schlafen, kein Ruhen, kein Pausieren oder Verweilen. Gemessen an der Fülle der Tätigkeiten, die der Mensch im Leben zwischen Tod und neuer Geburt zu leisten hat, erscheint das gesamte Erdenleben fast wie ein langer Urlaub.

»Wer weiß denn, ob das Leben nicht Totsein ist und das Totsein Leben?« Diese Frage stellte sich schon der große griechische Tragödiendichter *Euripides*. Rudolf Steiner drückte es wie folgt aus:

»Nun, dadurch vervollständigt sich das Bild der geistigen Entwickelung der Menschheit, wenn man immer die sogenannten Toten dazunehmen kann, denn sie sind ja eigentlich viel lebendiger als diejenigen, die die sogenannten Lebendigen sind.«[2]

2.1 Was die Verstorbenen für die Hinterbliebenen leisten können

Bereits aufgrund der Darstellungen in Kapitel 1 dürfte deutlich geworden sein, dass ein Mensch im Leben nach dem Tod zahlreiche Aufgaben und Tätigkeiten zu erfüllen hat. Denken Sie nur daran, dass er in der Geisteswelt Vorbereitungen für sein nächstes Erdenleben treffen wird, damit sich sein notwendiges Karma erfüllen kann. Des Weiteren wird er den Geistkeim seiner Leiblichkeit, die ihn in seiner nächsten Inkarnation umhüllen wird, entwickeln. Diese äußerst komplexen Aufgaben könnte er niemals bewältigen, wenn er jetzt nicht ungleich weiser wäre, als das im Erdenleben jemals der Fall sein könnte. Außerdem wird er hierbei von hohen und höchsten geistigen Wesen sowie von anderen Menschenseelen, die zu seinem Schicksalskreis gehören, unterstützt.

Wir wollen im Folgenden der ebenso spannenden wie wichtigen Frage nachgehen, inwieweit ein sogenannter »Toter« noch ein Interesse an der Erdenwelt sowie den dort zurückgelassenen Menschen hat. Außerdem werden wir erörtern, was ein Sphärenmensch über dasjenige hinaus, was wir bereits angedeutet haben, in den übersinnlichen Welten zu leisten hat. Wie wir auch sehen werden, kann ein Verstorbener sehr viel Segensreiches für die auf der Erde verkörperten Menschen bewirken.

2.1.1 Beziehung der Verstorbenen zu den Lebenden

Viele Menschen, die den Tod eines Familienmitgliedes oder eines guten Freundes zu beklagen haben, fragen sich, ob der Verstorbene überhaupt noch etwas von dem, was sie auf der Erde fühlen, denken und tun mitbekommen könne, ob er noch in irgendeiner Weise an ihrem Leben teilhaben könne. Die Antworten auf diese Frage fallen bei unterschiedlichen Zeitgenossen sehr unterschiedlich aus. Sie schwanken zwischen zwei Extremen. Das eine Extrem wird von denjenigen gebildet, die kategorisch sagen: »Es ist völlig unmöglich, dass ein Toter irgendetwas von dem mitbekommt, was hier auf der Erde geschieht!« Diejenigen, die das andere Extrem vertreten, sagen: »Selbstverständlich bekommen sie *alles* mit, was wir hier auf der Erde denken und machen!«

Wie so häufig liegt die Wahrheit in der Mitte. Inwieweit ein sogenannter Toter die auf der Erde zurückgelassenen Menschen noch wahrnehmen und ihr Leben mitverfolgen kann, hängt von gewissen Voraussetzungen ab.

Es wurde ja schon gesagt, dass man sich den ›Aufenthaltsort‹ der Toten *nicht* irgendwo fernab im Universum vorstellen darf. Auch wenn sie sich in ihrer geistig-seelischen Wesenheit sphärisch immer mehr in den planetarischen Kosmos ausbreiten, so ist es dennoch richtig zu sagen, dass sie ständig *um uns herum* sind. Etwas Räumliches wie etwa Entfernungen spielt in den höheren Welten keine Rolle. Das ›Bewusstseinszentrum‹ eines Toten kann also in Blitzesschnelle erst etwa irgendwo in den Weiten der Mondensphäre und dann sogleich auf irgendeinem Fleck der Erde sein. Das Reich, in dem die Toten sind, ist wirklich nur dadurch von dem der Lebenden getrennt, dass man von einem jeweils anderen Bewusstseinszustand ausgehen muss.

Die weitaus meisten entkörperten Menschen haben noch ein großes Interesse an den Menschen, die sie auf der Erde zurückgelassen haben. Sie können deren Leben auch weiterhin verfolgen. Ein Toter hat *zunächst* allerdings im Wesentlichen nur eine Wahrnehmung für die Lebenden, mit denen er karmisch verbunden ist, also insbesondere für seine Angehörigen, Freunde und guten Bekannten. Besonders in den ersten Jahren und auch noch Jahrzehnten nach dem Tod wird der Verstorbene ein durchaus reges Interesse an seinen Hinterbliebenen haben. Für den Verstorbenen ändert sich das Verhältnis zu den Menschen, die er auf der Erde zurücklassen musste, nicht in so gravierender Weise. Er kann dasjenige wahrnehmen, was in den Seelen der Erdenmenschen lebt. Er kann noch sehr unmittelbar an ihrem Leben teilhaben. Dieses Miterleben ist nun sogar sehr viel inniger als es zu Lebzeiten der Fall war, als dieses noch durch die Schranken seines physischen Leibes eingeengt war.

Die ›geistigen Fäden‹ zwischen den Verstorbenen und den Lebenden, mit denen sie im Erdendasein verbunden waren, werden durch den Tod *nicht* abgerissen. Diese Verbindungen werden nach dem Tod sogar viel inniger. Je konkreter und inniger die Beziehung zweier Menschen im Erdenleben war, desto konkreter und inniger ist sie auch, wenn einer der beiden durch die Pforte des Todes geschritten ist.

»Von Seiten desjenigen, der drüben ist, ist das bewusste Zusammensein mit Seelen, die hier zurückgeblieben sind, ein intensiveres, ein innigeres, als es hat sein können im physischen Leibe.«[3]

Allerdings ist es keine Selbstverständlichkeit, dass Sphärenmenschen eine enge Verbindung zu ihren Hinterbliebenen haben und aufrecht erhalten können. Es ist im Grunde nur solchen möglich, die in ihrem Erdendasein eine spirituelle Gesinnung hatten.

»Bei Menschen, die spirituell gesinnt sind, zeigt sich [nach dem Tode] sofort, dass sie eine unmittelbare Verbindung haben können mit denjenigen, die zurückgeblieben sind.«[4]

Ein Mensch, der im Erdenleben ein Materialist war, der nie spirituelle Gedanken bewegt hat, der auch ein Leben nach dem Tod für einen Unsinn hielt, kann, nachdem er über die Schwelle des Todes geschritten ist, von dem Leben auf der Erde nur das wahrnehmen, was er bis zum Zeitpunkt seines Übergangs in die höheren Welten dort erlebt hat, also seine Erinnerungen.

»[...] denn der Tote nimmt zunächst nur dasjenige wahr, was er erlebt hat bis zu seinem Tode hin, so dass er also, sagen wir, seine Frau und seine Kinder soweit wahrnimmt, als sich ihr Leben entwickelt hat bis zu dem Moment, wo er gestorben ist. Es tut sich eine Wand auf zu den gegenwärtigen Erlebnissen, zu dem gegenwärtigen Sein der Hinterbliebenen, so dass der Tote außerordentlich schwierig den Zusammenhang mit seinen Angehörigen in der unmittelbaren Gegenwart erleben kann. Es kommt einem so vor, ja, als wenn er eben nur bis zu diesem bestimmten Zeitpunkt hinkommen würde, da hört es auf; es ist wie eine abgerissene Erinnerung. Das zeigt aber natürlich, dass es eine Bedeutung hat, wie sich die Seele in ihrer Gesinnung zur geistigen Welt verhalten [hat im Erdenleben]. Man kann nicht, ohne dass das Folgen hat für das Leben nach dem Tode, materialistisch oder spirituell sein. Bei Menschen, die spirituell gesinnt sind, zeigt sich [nach dem Tode] sofort, dass sie eine unmittelbare Verbindung haben können mit denjenigen, die zurückgeblieben sind.«[4]

Auch für die Hinterbliebenen eines Menschen, der ein krasser Materialist war, ergibt sich eine Schwierigkeit: Sie werden – zumindest zunächst – mit ihren Gebeten und liebenden Gedanken nicht an die Seele des Verstorbenen herankommen; sie erreichen ihn nicht.

Ein Verstorbener, der in seinem Erdenleben zumindest ein wenig spirituell oder religiös orientiert war, wird das Leben seiner Hinterbliebenen sehr wohl mitverfolgen können.

Nun muss man sich fragen, wie das überhaupt möglich sein kann, dass er noch eine Wahrnehmungsmöglichkeit für die Menschen, die auf der Erde verkörpert sind, hat. Natürlich hat er längst keine physischen Organe mehr, so dass er deren Gestalten nicht sehen kann. Physische Farben und Formen kann er nicht mehr wahrnehmen. Das, was er von einem auf der Erde wandelnden Menschen wahrnehmen kann, ist dessen ›geistiges Gegenbild‹. Alles, was man mit physischen Sinnen wahrnehmen kann, hat in der Geisteswelt ein solches Gegenbild. Wenn der Erdenmensch irgendeine Verrichtung macht oder eine Veränderung erfährt, so kann er das entsprechende geistige Gegenbild sehen. Auf diese Art kann er gewahr werden, was der Erdenmensch tut und wie es ihm ergeht. Insbesondere kann er auch die Gedanken, Gefühle und Willensimpulse seiner Hinterbliebenen mitbekommen.

Es ist für einen Sphärenmenschen sogar etwas leichter, einen vertrauten Erdenmenschen wahrzunehmen als einen anderen Verstorbenen. Die Seele eines auf der Erde lebenden Menschen tritt in ähnlicher Weise in sein ›Blickfeld‹, wie er das zu Lebzeiten gewohnt war. Die Seelen der lebenden Menschen erscheinen ihm in dem Bild, das er sich im gemeinsamen irdischen Zusammenleben formen konnte. Dieses Bild trägt er immer noch in sich.

Nun kann das ›Hinschauen‹ eines Verstorbenen auf seine noch im Erdendasein weilenden geliebten Familienangehörigen für ihn selbst auch sehr leidvoll sein. Es kann nämlich durchaus der Fall eintreten, dass er nicht mehr an sie herankommen kann, dass sie jetzt für ihn quasi nicht mehr da sind, obwohl er mit ihnen schicksalsmäßig auf das Engste verbunden ist und obwohl er im Erdendasein spirituell gesinnt war. Ihr Seelenleben, also das, was sie tagsüber denken, fühlen und wollen, kann er nicht mehr finden. Was ist nun der Grund für dieses Dilemma? Der Grund ist, dass seine Hinterbliebenen sich *ausschließlich* mit Sinnlichem beschäftigen, dass sie nur abstrakte Gedanken bewegen, dass sie keinerlei Interesse an spirituellen Gedanken und Vorstellungen haben. Ihr ganzer Tagesablauf, ihr ganzes Denken, Fühlen und Wollen ist ausschließlich auf etwas gerichtet, was nur die Sinneswelt bieten kann, was also in den höheren Welten keinerlei Bedeutung hat. Der Tote macht also die schmerzliche Erfahrung, dass er kaum noch Anteil an dem Leben seiner geliebten Hinterbliebenen haben kann. Er hat im Wesentlichen nur noch die Erinnerung an Erlebnisse aus dem gemeinsamen Erdenleben. Jetzt sind seine Lieben aber für ihn *im Extremfall* wie ausgelöscht. Er muss warten, bis auch sie eines Tages die Pforte des Todes durchschreiten.

»Gedanken, Gefühle und Willensimpulse, die sich nur auf Sinnliches beziehen, entziehen sich der Wahrnehmungsfähigkeit eines Verstorbenen. Die Toten umschweben denjenigen immer, mit dem sie karmisch verbunden waren im Leben. Aber dass sie in sein Bewusstsein hereinwirken, dazu ist notwendig, dass man ihnen entgegenkommt. Dasjenige, was der Tote fliehen muss, in das der Tote nicht hinein kann, das ist das Leibliche, das Physische des Menschen. Also in die Gedanken, die nur in Anlehnung an die physische Welt aus dem Gehirn aufsteigen, in diese Gedanken kann der Tote nicht hinein. Und weil die Menschen heute zumeist nur solche Gedanken haben, die aus dem Gehirn aufsteigen, ist den Toten so schwer ein Zugang zu den Lebenden möglich.«[5]

2.1.2 Die schützende Kraft der Verstorbenen

Im Christentum wie auch in vielen anderen Religionen spielt das Motiv des »Schutzengels« eine große Rolle. Man geht davon aus, dass diese die Erdenmenschen vor Unheil bewahren können. Ansonsten glaubt man allenfalls, dass die Heiligen – allen voran die sogenannten »Schutzpatrone« – den Menschen helfend und schützend zur Seite stehen. In Gebeten und liturgischen Texten werden sie um Fürsprache und Beistand angerufen. Dass eine solche Funktion auch von ganz ›normalen‹ Verstorbenen wahrgenommen werden könne, hält man für absurd.

Zunächst einmal ist es völlig richtig, dass jeder menschlichen Individualität ein solcher geistiger Führer aus dem Reich der Engel zugeteilt ist. Es ist kein anderer als der, welcher *immer* an der Seite seines ihm zugeordneten Menschen steht. Seit der Mensch vor Urzeiten sein erstes Erdenleben angetreten hat, ist dieser Engel bei ihm. Er wird immer bei ihm bleiben, bis der Mensch keiner weiteren Inkarnation mehr bedarf. Wie wir schon angedeutet haben, bleibt der persönliche Engel *immer* an der Seite seines Menschen – unabhängig davon, ob dieser sich gerade im Leben zwischen Geburt und Tod oder im Leben zwischen Tod und neuer Geburt befindet.

Die Aufgaben, welche diese Engelwesen für die verkörperten Menschen wahrzunehmen haben, sind recht vielfältig. Für unser Thema ist es hinreichend, zwei besonders wichtige hervorzuheben.

Eine dieser Aufgaben besteht in der Tat darin, dass der Engel den ihm zugeteilten Erdenmenschen vor Gefahren und Unglücksfällen beschützen *kann*. Daher hat sich auch schon seit Jahrhunderten der Begriff *»Schutzengel«* eingebürgert.

Dass der Schutzengel den ihm zugeteilten Menschen nicht vor *allem* Unheil bewahrt, liegt auf der Hand. Wie könnte man sonst eine Erklärung dafür finden, dass so viele Menschen Schlimmes und Schlimmstes erleiden müssen. Etliche Zeitgenossen, die sehr unangenehme Erlebnisse haben und schwere Schicksalsschläge ertragen müssen, zweifeln an der Existenz ihres Schutzengels. »Mein Engel hat mich nicht vor diesem Unglück bewahrt. Er hat mir nicht geholfen. Vermutlich gibt es ihn gar nicht!«, kann man immer wieder hören.

Es ist natürlich eine höchst naive Vorstellung, dass die Engel ein Interesse daran haben könnten, die Menschen vor *allem* zu bewahren, was diese als schmerzlich oder zumindest als höchst unerfreulich empfinden. Wenn wir Menschen nur immer Erfreuliches und Angenehmes erleben würden, so kämen wir in unserer geistig-seelischen Entwicklung niemals voran. Ähnlich wie ein Kleinkind immer wieder hinfallen oder sich an etwas stoßen muss, um sein Ich-Bewusstsein entwickeln zu können, brauchen auch Erwachsene Widerstände, an denen sie reifen können. Jeder Mensch bringt sein ganz individuelles Karma bzw. Schicksal in sein Erdenleben mit, das nicht zuletzt eine Folge bzw. Konsequenz seiner früheren Inkarnationen darstellt. Dieses Schicksal will angenommen und gelebt werden, weil es den Menschen in seiner Entwicklung vorwärtsbringt.

Nun kann auch verständlich werden, warum ein Engel nicht in allen Fällen schützend eingreift. Der Engel weiß natürlich, welche Schicksale für den ihm anvertrauten Menschen notwendig sind. Würde er nun den Menschen etwa vor einem Unglück bewahren, das in seinem Karma begründet ist, so würde er ja in höchstem Maße *gegen* die Interessen seines Schützlings handeln. Er würde ihm die Möglichkeit entziehen, etwas für ihn höchst Fruchtbares und Förderliches zu erleben. Es mag für viele wie ein Hohn klingen, dass ein Unglück etwas

Fruchtbares sein kann. Das liegt aber einzig und allein daran, dass unser Bewusstsein, das wir im Erdenleben haben, viel zu beschränkt ist.

Der führende Engel würde sich grundsätzlich nicht einmischen, wenn es um eine Handlung oder Entscheidung geht, die im Bereich dessen liegt, was wir erkennen, in seinen Auswirkungen überblicken und über das wir selbst vernünftig nachdenken und entscheiden können. Sie kennen sicher den Spruch »Fahre nie schneller, als dein Schutzengel fliegen kann«, den man auf vielen Autoaufklebern sieht. Auch wenn dieser Spruch gewiss spaßig gemeint ist, so enthält er doch mehr als nur ein Körnchen Wahrheit. Wenn wir viel zu schnell, leichtsinnig und unvorsichtig fahren, so kann uns bewusst sein, dass dadurch die Gefahr eines Unfalls sehr hoch ist. In einem solchen Fall wird unser Engel *im Allgemeinen* nicht eingreifen, da uns die möglichen Auswirkungen bekannt sind.

Unser Engel greift nur dann ein, wenn es außerhalb unserer Seelenkräfte liegt, die Folgen zu überschauen.

Viele Menschen verlieren spätestens dann den Glauben an ihren Schutzengel – und manchmal auch an Gott –, wenn sie ein schwerer Schicksalsschlag ereilt. In einem solchen Fall sollte man sich zunächst einmal klarmachen, dass es gute Gründe hatte, dass der Engel es nicht verhindert hat – auch wenn es meistens schwer einzusehen ist. Aber auch dann hilft er dem Menschen. Er kann ihm die Kraft und die Stärke geben, das Schicksal anzunehmen und ertragen zu können. Vielfach ist es so, dass er ihm andere Menschen schickt, die ihm wieder Hoffnung und Lebensfreude schenken können. Manchmal macht er diese Menschen auch auf Bücher aufmerksam, aus denen sie neuen Mut schöpfen können.

Ein Engel führt den Menschen auf eine äußerst zarte und subtile Weise, so dass es jederzeit möglich ist, sich gegen seine ›Eingebungen‹, die man etwa als Gedanken, Gefühle, Ideen, Traumbilder oder Stimmen empfängt, zu entscheiden oder – was leider häufig vorkommt – sie gar nicht erst wahrzunehmen.

Wenn man auf sein Inneres sorgfältig achtgibt, ist es vielleicht gar nicht einmal ganz so schwierig, das Wirken seines Engels zu bemerken. Es gibt besondere Situationen im Leben, in denen man etwas wahrnehmen kann, was man üblicherweise nicht wahrnimmt. Wir wollen es zunächst einmal ganz pauschal ein ›Etwas‹ nennen. Dieses Etwas kann ein Gedanke, eine Idee, ein Geistesblitz oder ein Impuls sein, der einem empfiehlt, etwas bestimmtes zu tun oder zu unterlassen. Oft nimmt man es auch als ein Gefühl oder eine Empfindung wahr, die sich von den Gefühlen und Empfindungen, die man gewöhnlich hat, unterscheiden, die eine ganz andere Qualität und Intensität haben. Diese Eingebungen kommen fast immer ganz urplötzlich und unvermittelt und haben meistens mit dem, was man gerade gedanklich bewegt hat, nichts zu tun. Manchmal erscheinen sie einem sogar unsinnig oder zumindest unlogisch zu sein. Sie können aber eine solche Kraft und Eindringlichkeit haben, dass man sie meistens befolgen wird. Diese Impulse können auch im Traum in bildhaft verschleierter Form auftauchen. Charakteristisch für solche Träume ist, dass man sich am nächsten Tag noch gut an sie erinnern kann und dass sie einen nicht loslassen wollen. Man ahnt häufig, dass in diesen Träumen eine verschlüsselte Botschaft enthalten war, die man allerdings oftmals nicht zu verstehen vermag.

In eher seltenen Fällen kann der Schutzengel uns auch auf eine etwas ›gröbere‹ Weise einen Wink geben. So gibt es hin und wieder Situationen, in denen ein Mensch von außen – also mit seinen physischen Ohren – eine Stimme hört, die ihn auf etwas aufmerksam macht oder hinweist. Meistens sind das nur wenige Worte, nur ein Satz. Das Gesagte mag dem Betreffenden durchaus sonderbar und ohne einen Zusammenhang mit dem erscheinen, was er gerade in seinem Bewusstsein hat. Es kann nun so sein, dass der ›Sprechende‹ gar nicht zu sehen ist. Manchmal tritt er aber auch in Form eines normalen Menschen auf, der von seinem Engel inspiriert wurde, dem anderen etwas Bestimmtes zu sagen. Womöglich kann sich dieser gar nicht erklären, was und warum er das dem anderen gesagt hat.

Nachdem wir erörtert haben, auf welche Art und Weise ein Engel in unser Leben helfend eingreifen kann, wollen wir uns nun die Frage vorlegen, woher er überhaupt wissen kann, dass uns Gefahren drohen, vor denen er uns bewahren muss und will, weil sie nicht in unserem Schicksal liegen. Kann er in die Zukunft schauen?

Bevor wir diese Frage klären, wollen wir zunächst ein Beispiel aus dem ganz alltäglichen Leben betrachten, welches das, was im Folgenden erläutert werden soll, zumindest vergleichsweise abbildet.

Stellen Sie sich eine Mutter vor, die gerade beobachtet, dass ihr – sagen wir – sechsjähriges Kind auf einen Stuhl gestiegen ist, um mit einem Feuerzeug die Kerzen am Weihnachtsbaum zu entzünden. Innerhalb kürzester Zeit werden der Mutter jetzt einige mögliche Szenarien, also Situationen, die eintreten *könnten*, durch den Kopf schießen: Mein Kind könnte sich die Finger verbrennen. – Es könnte vom Stuhl fallen und sich verletzen. – Der Weihnachtsbaum könnte Feuer fangen. – Das ganze Zimmer könnte in Flammen aufgehen. – usw. Jedes dieser Ereignisse *könnte* eintreten. Die Mutter weiß aufgrund ihrer Lebenserfahrung, was jetzt alles passieren *könnte*, wenn sie ihr Kind gewähren ließe.

Wenn sie nun ihrem Kind zutraut, die Kerzen zu entzünden, so wird sie ihm vielleicht sagen, dass es vorsichtig sein soll, es aber nicht von seinem Vorhaben abhalten. Allerdings wird sie in seiner Nähe bleiben, um notfalls helfend eingreifen zu können.

Wenn sie es ihrem Kind nicht zutraut, wird sie es auffordern, von dem Vorhaben abzulassen.

So ähnlich ist das auch im Großen, wenn wir unser Leben mit allem, was wir machen oder unterlassen, betrachten.

Wenn man etwas intimer und genauer auf sein alltägliches Leben schaut, so wird einem aufgehen, wie vielen Erlebnissen und Begebenheiten man Tag für Tag *entgeht*. Jeden Tag erwarten uns unzählige Ereignisse, die eintreten *können*. Die meisten treten eben deshalb nicht ein, weil wir bestimmte Dinge zu ganz *bestimmten Zeitpunkten* machen, oder aber, weil wir sie unterlassen. Alles, was wir in unserem Leben ganz konkret und höchst real erleben und erfahren, ist nur ein Bruchteil dessen, was wir erleben und erfahren *könnten*. Also, das Spektrum der wirklich in unserem Leben eingetretenen Ereignisse ist geradezu armselig gegenüber der ungeheuren Summe derjenigen, die *möglich* gewesen wären. Wir könnten unendlich viel mehr erleben, als wir letztlich *wirklich* erleben.

»Wenn wir uns ein bisschen mit einem Gefühl davon durchdringen, was für ein kleiner Teil die Welt der physischen Wirklichkeiten von dem ist, was wir erleben könnten, wie unsere Welt der Erlebnisse nur ein herausgeschnittenes Stück der Möglichkeiten ist, dann kann uns das den ungeheuren Reichtum, das Sprudelnde des geistigen Lebens nahelegen, das hinter unserem physischen Leben ist.«[6]

Wir müssen Tag für Tag tausendfach Entscheidungen treffen! Je nachdem, welche Entscheidung letztlich zum Tragen kommt, erleben wir jeweils *eine* ganz konkrete Wirklichkeit. Oft sind es *scheinbar* recht banale Wahlmöglichkeiten, die wir mehr unbewusst treffen, ohne darüber nachzudenken, wie etwa: Was ziehe ich heute an? Was, wann und wo esse ich heute? Möchte ich mich heute mit meinem Freund treffen oder bleibe ich lieber daheim? Wann und wohin fahre ich heute mit dem Auto? Mache ich jetzt dieses oder jenes?

In den meisten Fällen sind dann unsere tatsächlichen Erlebnisse, die wir aufgrund der von uns gefällten Entscheidung als Wirklichkeit erfahren, nicht sehr viel anders als die, die im Bereich der Möglichkeiten verschleiert bleiben, die wir also nur dann als Wirklichkeit erlebt hätten, wenn wir uns anders entschieden hätten. Aber sie sind anders! Und in manchen Fällen können sie völlig anders – vielleicht sogar dramatisch anders – sein.

Das möge ein einfaches Beispiel verdeutlichen: Stellen Sie sich vor, Sie müssen mit dem Auto irgendwohin fahren. Jeder Augenblick, den Sie früher oder später losfahren, führt Sie in eine andere Wirklichkeit. Das Gleiche gilt, falls Sie irgendeine andere Strecke fahren als die, welche Sie üblicherweise wählen. Fahren Sie etwa – sagen wir – um 8 Uhr los, geschieht vielleicht nichts Besonderes, nichts Ungewöhnliches. Vermutlich passiert auch nichts Bemerkenswertes, wenn Sie eine andere Startzeit wählen. Dennoch erleben Sie dadurch eine jeweils andere Wirklichkeit, auch wenn diese sich nicht sehr von der unterscheidet, die Sie erleben, wenn Sie um Punkt 8 Uhr starten.

Nun kann es aber durchaus so sein, dass Sie in Abhängigkeit von der Abfahrtszeit oder der gewählten Strecke sehr wohl etwas ganz Besonderes erleben, dass Sie durch diese Konstellation eine Wirklichkeit erleben, die für Sie sehr unangenehm, aber auch sehr erfreulich werden könnte. Starten Sie etwa eine Minute – oder auch vielleicht nur ein paar Sekunden – früher, werden Sie möglicherweise in einen schweren Unfall verwickelt. Fahren Sie eine Minute später, lernen Sie vielleicht einen Menschen kennen, der sich für Ihr weiteres Leben als sehr wichtig erweist. Starten Sie fünf Minuten später, werden Sie vielleicht auf irgendetwas aufmerksam, wodurch sie eine Anregung bekommen, die sich für Sie als sehr wertvoll herausstellt. Wählen Sie für Ihre Fahrt eine andere Strecke, sehen Sie womöglich am Straßenrand einen schwerverletzten Menschen, dem Sie nun helfen und dessen Leben Sie retten können. Diese Varianten könnte man fast endlos fortsetzen. Alle diese Möglichkeiten sind in gewisser Weise sehr real. Sie können aber in Abhängigkeit von der Entscheidung, die Sie getroffen haben, nur *eine* als Wirklichkeit erfahren. Alle anderen bleiben Ihnen verborgen. Unser Bewusstseinshorizont ist zu klein, um diese möglichen Konsequenzen zu überblicken. Sie bleiben eine Fiktion.

Nun kommt der Punkt, der für uns Menschen nur sehr schwer zu begreifen ist: Im Bewusstsein der Engel sind die *möglichen* Ereignisse ebenso ausgebreitet wie die *tatsächlichen*. Diese sind für sie genauso real! Die Engel können sie in vollem Umfang überschauen. Sie können also – um im obigen Beispiel zu bleiben – genauestens überblicken, welche Wirklichkeit Sie in Abhängigkeit von dem Zeitpunkt, zu dem Sie losfahren, sowie der Strecke, die Sie wählen, erleben werden.

Anhand eines konstruierten Beispiels soll das Eingreifen der Schutzengel noch einmal verdeutlicht werden:

Nehmen Sie einmal an, ein Mann hätte sich – wie an nahezu jedem Werktag – dazu entschieden, um Punkt 7 Uhr auf seiner Standardstrecke mit dem Auto zur Arbeit zu fahren. Sein Engel *weiß* nun um zwei wichtige Dinge: Zum einen kennt er die Schicksalsnotwendigkeiten seines Schutzbefohlenen, und zum anderen weiß er, welche Wirklichkeit der Mann erfahren würde, falls er seine Entscheidung in die Tat umsetzt. Nun könnte es beispielsweise so sein, dass er einen schweren Unfall erleidet, durch den er sehr schwer verletzt würde, falls er um Punkt 7 Uhr die gewählte Strecke fahren sollte.

Nun gibt es zwei Möglichkeiten: Es liegt im Schicksal des Mannes, schwer verletzt zu werden. Dann hätte diese Unfallfolge einen guten Sinn für den Mann, auch wenn ein Mensch das kaum verstehen kann. In diesem Fall würde der Engel natürlich nicht eingreifen, damit der Mann sein notwendiges Schicksal leben kann.

Wenn ein solcher Unfall mit seinen Folgen aber nicht zu den Schicksalsnotwendigkeiten des Mannes gehört, wird sein Engel alles tun, um ihn zu verhindern. In diesem Fall hätte er unzählige Möglichkeiten. So könnte er etwa dem Mann den Gedanken eingeben, etwas eher oder auch ein wenig später loszufahren. Er könnte ihm die Idee vermitteln, heute mal eine andere Strecke zu wählen. Er könnte dafür sorgen, dass der Mann etwas Wichtiges vergisst, was er kurz nach dem Verlassen des Hauses bemerkt, so dass er noch mal ins Haus zurück muss, um es zu holen. Es gäbe etliche weitere Möglichkeiten, den Unfall und somit die schweren Verletzungen zu verhindern.

Das Schicksal eines jeden Menschen ist verwoben mit denen vieler anderer Menschen. Natürlich muss es in einem solchen Fall wie dem eben geschilderten auch zu den Schicksalsnotwendigkeiten des Unfallgegners gehören, einen Unfall zu erleiden. Da müssen sich also beide Schutzengel in gewisser Weise beraten. Es wäre ja etwa auch denkbar, dass der andere am Unfall Beteiligte sich nicht oder nur leicht verletzt. Dennoch wäre es für ihn ein Schock. Also, es muss alles zusammenpassen, es muss alles sorgfältig aufeinander abgestimmt werden. Welcher Weisheit und Weitsicht solche Planungen bedürfen, übersteigt unser Vorstellungsvermögen.

Betrachten wir eine zweite wichtige Aufgabe, welche die Schutzengel für uns übernehmen.

Während wir nach unserem letzten Tod für lange Zeit in der geistigen Welt waren, bis wir zu unserem jetzigen Erdendasein hinabgestiegen sind, haben wir zunächst unser letztes Erdenleben aufgearbeitet und dann unser neues geplant. Das war uns nur möglich, weil wir in dieser Zeit eine ungleich größere Weisheit und Weitsicht hatten, als das im Erdenleben der Fall ist. Dennoch hätten wir diese äußerst komplexen Planungen niemals *allein* bewerkstelligen können. Unser Engel und auch Engel der höheren Reiche sowie die Seelen der Menschen, die zu unserem Schicksalskreis gehören, haben uns dabei kräftig unterstützt. In dieser Zeit war uns bewusst, mit welchen Menschen wir aus einer karmischen Notwendigkeit heraus in diesem Leben zusammenkommen müssen. Insbesondere haben wir uns in dieser Zeit schon gewissermaßen mit der Individualität, die unser Ehe- oder Lebenspartner werden soll, ›verabredet‹. So ist auch das deutsche Sprichwort zu verstehen: »Ehen werden im Himmel geschlossen, aber auf Erden gelebt.«

Nun ergibt sich aber ein großes Problem: Wir können uns an unsere letzten Erdenleben und an das, was wir uns in der geistigen Welt vorgenommen haben, bevor wir durch die Geburt ins erneute Erdenleben getreten sind, nicht mehr erinnern. Somit haben wir auch keine Ahnung, dass irgendwo auf der Erde ein Mensch lebt, mit dem wir zusammenkommen müssen. Jetzt kommt uns unser Schutzengel zu Hilfe, der für uns den Zusammenhang zwischen unseren Inkarnationen festhält und der weiß, dass wir *diesem* Menschen begegnen müssen. Er wird uns auf eine sehr subtile und für uns kaum wahrnehmbare Art mit diesem Menschen zusammenbringen. In den wohl meisten Fällen müssen sich die Engel zweier Menschen – trivial gesprochen – ›absprechen‹ und einen gemeinsamen Plan entwerfen, damit diese beiden zusammenkommen können.

Es ist ja häufig so, dass wir unsere Ehepartner oder auch unsere Freunde auf scheinbar sehr merkwürdigen und geradezu verworrenen Wegen kennengelernt haben. In vielen Fällen war es wirklich unser Engel, der uns mit diesen Menschen zusammengeführt hat. Da wir das nicht bemerken, neigen wir natürlich zu der Auffassung, dass es sich entweder um unsere eigene Entscheidung oder aber um eine ›Verkettung von Zufällen‹ gehandelt hätte, wenn wir etwa unseren Ehepartner oder besten Freund auf ›wundersame Weise‹ kennengelernt haben oder wenn wir uns doch dazu entschlossen haben, eine bestimmte Arbeitsstelle anzunehmen, obwohl wir eigentlich mit einer ganz anderen geliebäugelt haben.

Zufälle gibt es nicht! Wenn irgendetwas geschieht, für das es keine Ursache zu geben *scheint*, etwas, das man sich nicht erklären kann, ist man geneigt, von einem »Zufall« zu sprechen. Es geschieht allerdings *niemals* etwas, für das es keine Ursache gibt. Nur sind diese in den höheren Welten, im Wirken geistiger

Wesen zu finden. Dort werden die meisten aber nicht suchen, weil sie nicht an etwas Geistiges glauben. Selbst wenn man dort suchen würde, so würde es ein nicht-hellsichtiger Mensch auch kaum finden können. Er könnte es höchsten erahnen.

Nachdem wir jetzt in einiger Ausführlichkeit über das Wirken der Schutzengel geschrieben haben, wollen wir wieder auf die Sphärenmenschen zurückkommen. Sie werden sich vielleicht schon gefragt haben, was diese beiden großen Aufgaben der Schutzengel mit den Verstorbenen, um die es in diesem Buch ja ganz wesentlich geht, zu tun haben?

Nun, die Antwort ist einfach: Die skizzierten Fähigkeiten und Möglichkeiten, welche die Engel haben, um ihren Erdenmenschen zu führen, zu beschützen und zu inspirieren, haben prinzipiell und zumindest bis zu einem gewissen Grad auch die Sphärenmenschen!

Insbesondere diejenigen Menschenseelen, die sich schon ganz gut in die Verhältnisse, die in den höheren Welten herrschen, eingewöhnt haben, weisen noch ein großes Interesse an ihren Hinterbliebenen auf. Sie werden deren Leben mitverfolgen und ein wachendes Auge auf sie haben. In erster Linie sind es ihre Kinder, Enkel und Ehepartner, aber auch gute Freunde, die sie vor Gefahren zu bewahren versuchen, die nicht in deren Schicksal begründet sind. Auch werden sie ihren Beitrag dazu leisten, dass diese den ›richtigen‹ Erdenmenschen begegnen, mit denen sie aus karmischen Notwendigkeiten zusammenkommen müssen.

»Und wer die okkulten Zusammenhänge der Welt erkennt, der weiß, dass, wenn zwei Menschen zu dem oder jenem zusammengeführt werden, manchmal einer, manchmal mehrere derjenigen an diesem Zusammenführen tätig sind, welche vor uns durch die Pforte des Todes geschritten sind.«[7]

Ein Sphärenmensch kann die Lebenden auf vielfältige Art inspirieren. Dadurch tauchen bestimmte Impulse im Inneren des auf der Erde weilenden Menschen auf, von denen er glaubt, dass diese aus seiner *eigenen* Seele herrührten. Es ist in der Tat nicht gerade einfach zu erkennen, ob ein bestimmter Impuls wirklich von einem Toten stammt.

»Ebenso wenig wie der Mensch während des Tages die Sterne sieht – trotzdem sie fortwährend am Himmel stehen –, weil das Sonnenlicht sie übertönt, ebenso wenig nimmt der Mensch im gewöhnlichen Bewusstsein wahr, was da von dem Grunde seiner Seele fortwährend heraufkommt, weil das äußere Leben, das durch die Eindrücke der Sinne veranlasst wird, das eben übertönt. Wird man intim, möchte ich sagen, mit seiner eigenen Seele bekannt, lernt man unterscheiden dasjenige, von dem wir selbst der Ursprung sind, von dem, was als Fremdes herauftönt aus der eigenen Seele, dann lernt man nach und nach auch im wachen Tagesleben Botschaften der Toten erkennen. Dann aber verbindet man mit dieser Erkenntnis etwas außerordentlich Wichtiges. Dann sagt man sich: Wir sind ja eigentlich nicht von den Toten getrennt, die Toten leben unter uns. Sie kündigen sich eben nicht an so wie andere sinnliche Wesen, die uns von außen her ihre Impulse senden, sondern sie kündigen sich von innen heraus an, sie sprechen durch unser eigenes Innere zu uns, sie tragen uns.«[8]

Es gibt etliche Menschen, die davon erzählen, dass sie in ganz bestimmten Situationen ihres Lebens das ganz sichere Gefühl hatten, dass ihnen ein Verstorbener, zu dem sie im Erdenleben in einer Beziehung standen, geholfen hatte. Diese Menschen sind gewiss nicht hellsichtig und vermutlich nicht einmal besonders sensitiv oder hellfühlig. Vermutlich haben auch Sie schon einmal ähnliche Erlebnisse, wie sie im Folgenden geschildert werden, gehabt.

So erzählt ein älterer Mann, wie er vor vielen Jahren durch seinen Bruder aus der Geisteswelt vor einem Autounfall bewahrt wurde:

> Als ich noch ein junger Mann war, fuhr ich eines Tages mit meinem VW-Käfer zu einem Freund, der in einem Dorf lebte, das etwa dreißig Kilometer von meinem Wohnort entfernt lag.
>
> Als ich so mit etwa 80 km/h über die Landstraße dahintuckerte, regte sich urplötzlich ein starker innerer Impuls, der mir empfahl, auf die Bremse zu treten. Ja, es war eigentlich mehr als ein Impuls. Es war wie eine innere Stimme, die in einem freundlichen Befehlston sagte: »Bremse!« Die Stimme hörte sich ein wenig an wie die meines vor Jahren verstorbenen Bruders.
>
> Obwohl es keine objektiven Gründe gab, auf die Bremse zu treten, folgte ich unverzüglich diesem Impuls.
>
> Unmittelbar danach sah ich, wie wenige Meter vor mir ein Auto aus einem kleinen Seitenweg, den ich vorher nicht sehen konnte, ohne auf die Vorfahrt zu achten, auf die Landstraße einbog, auf der ich fuhr. Hätte ich

nicht gebremst, wäre ich voll mit diesem Fahrzeug kollidiert!

Ich weiß nicht, ob es wirklich mein verstorbener Bruder oder aber mein Schutzengel war, der mir diese Empfehlung schickte, ich bin auf jeden Fall beiden zutiefst dankbar.

Eine junge Frau berichtet, wie sie auf sonderbare Weise davor bewahrt wurde, in einen Bus einzusteigen, der schwer verunglückte:

Es ist jetzt gut zehn Jahre her. Ich war damals 22 Jahre alt. Ich musste an diesem Tag etwas länger arbeiten. Da ich schon spät dran war, räumte ich in aller Eile meinen Schreibtisch auf und schaltete den Computer aus. Dann machte ich mich eilig auf den Weg zum Bahnhof, um noch den letzten Bahnbus zu erwischen, der mich in mein acht Kilometer entferntes Heimatstädtchen bringen sollte.

Als ich endlich etwas außer Puste am Bahnhof angekommen war, sah ich auf der Treppe zur Eingangshalle eine alte Frau sitzen. Obwohl die Zeit schon sehr drängte, zog mich der Anblick der alten Frau in seinen Bann.
Die Alte war mit einem schäbigen Umhang bekleidet, der für die Jahreszeit viel zu warm war. Auf dem Kopf trug sie einen abgenutzten, völlig altmodischen Hut. Ihre rechte Hand streckte sie leicht nach oben geöffnet aus.

Ich hatte den Eindruck, dass die Frau offensichtlich um eine milde Gabe bat. Die anderen Passanten gingen an der Alten vorbei, als ob sie diese gar nicht bemerkt hätten. Obwohl ich in rechter Zeitnot war, brachte ich es nicht übers Herz, einfach an ihr vorüberzugehen. So schaute ich hektisch zur Bahnhofsuhr und kramte nach etwas Kleingeld in meiner Geldbörse.
»Es ist noch zu früh für dich!«, sagte die Alte mit leiser und freundlicher Stimme. Ich schaute etwas verwundert und dachte: »Woher will die wissen, welchen Bus ich nehmen möchte?« Dann legte ich ein paar Münzen in die Hand der Bettlerin und verabschiedete mich kurz und freundlich.

Als ich eiligst in Richtung Bahnsteig zu rennen begann, sah ich schon von weitem, dass der Bus losfuhr. Ich war natürlich recht verärgert. Schließlich blieb mir jetzt kaum etwas anderes übrig, als den langen Weg zu Fuß zu gehen.
Als ich wenige Augenblicke später den Bahnhof wieder verließ, fiel mir

auf, dass die alte Frau nicht mehr dort saß. Ich war ziemlich verdutzt. »Die kann sich doch nicht in Luft aufgelöst haben«, dachte ich. Meine Verwunderung steigerte sich noch, als ich die Münzen, die ich ihr in die Hand gedrückt hatte, auf dem Boden liegen sah. »War ihr das nicht genug?«, fragte ich mich und hob die Münzen wieder auf.

Ohne noch lange über dieses seltsame Erlebnis nachzusinnen, machte ich mich auf den langen Heimweg. Zum Glück kannte ich einige Abkürzungen und Schleichwege, so dass ich nicht den langen Weg nehmen musste, den der Bus fuhr.

So waren es vielleicht nur gut sechs Kilometer, die ich zurückzulegen hatte. Unterwegs musste ich dann doch immer wieder an die merkwürdige Bettlerin denken.

Am nächsten Tag erfuhr ich aus der Zeitung, dass der Bus, den ich am Vorabend verpasst hatte, einen schweren Unfall hatte. Vermutlich durch eine Unachtsamkeit des Fahrers war er von der Fahrbahn abgekommen und eine Böschung hinuntergestürzt.

Elf der Fahrgäste erlitten lebensgefährliche Verletzungen, an denen fünf wenige Tage später starben!

Eine Frau schildert, wie ihre verstorbene Großmutter sie vor etwa zwanzig Jahren mit ihrem späteren Ehemann zusammenführte:

Nach dem Realschulabschluss absolvierte ich ein Ausbildung zur Arzthelferin in einer Praxis für Innere Medizin. Anschließend arbeitete ich noch zwei Jahre in dieser Praxis.

Da ich dort aus gewissen Gründen, die jetzt keine Rolle spielen, recht unzufrieden war, beschloss ich, mir einen neuen Arbeitsplatz zu suchen. So bewarb ich mich bei drei anderen Internisten. Einer lud mich zu einem Vorstellungsgespräch ein.

Am avisierten Tag betrat ich pünktlich das große Gebäude, in dem sich neben anderen Arztpraxen auch diejenige befand, bei der ich zum Gespräch geladen war. Diese Praxis befand sich auf der dritten Etage.

Als ich im zweiten Stockwerk angekommen und gerade im Begriff war, die Treppen zum dritten hinaufzugehen, geschah etwas schier Unfassbares: Ich hatte das Gefühl – ich kann es nicht anders beschreiben –, wie wenn mich eine unsichtbare Kraft daran hindern wollte. Dann wurde mein Blick auf eine Tür im zweiten Stock gelenkt, die in die Praxis eines Arztes für Allgemeinmedizin führte.

Irgendwie hatte ich das sonderbare Gefühl, dass es meine vor gut fünf Jahren verstorbene Großmutter war, die hinter dieser Kraft steckte. Ich weiß – es hört sich albern an, aber ich war mir schon bald ganz sicher, dass es meine innig geliebte Großmutter war, die mir den Impuls schickte, nicht zu der Praxis zu gehen, bei der ich mich beworben hatte.

So unlogisch mein Handeln auch gewesen sein mag, ich konnte nicht anders, als die Praxis des Allgemeinmediziners zu betreten.

Ohne viel nachzudenken und ohne so richtig zu wissen, was ich eigentlich tat, fragte ich die Dame an der Anmeldung, ob hier vielleicht eine weitere Arzthelferin gesucht werde. Die Dame sagte: »Ja, in der Tat! Wir waren schon im Begriff, eine Stellenanzeige aufzugeben. Wenn Sie ein paar Minuten warten, können Sie mit dem Doktor selbst reden.« Die Wartezeit nutzte ich, um der Praxis, bei der ich zum Gespräch geladen war, abzusagen.

Dann hatte der Doktor Zeit für mich. Vom ersten Augenblick an herrschte zwischen uns eine große Vertrautheit. Schon nach einer Viertelstunde gab er mir den Job, ohne irgendwelche Zeugnisse sehen zu wollen. Zu Beginn des folgenden Quartals nahm ich meine Arbeit auf.

Um es kurz zu machen: Der Arzt, mein neuer Chef, und ich waren uns von Anfang an äußerst sympathisch. Aus der Sympathie wurde schon bald Liebe.

Heute sind wir seit fast zwanzig Jahren glücklich verheiratet und haben drei reizende Kinder.

Danke, Omi!

2.1.3 Verstorbene können die Lebenden inspirieren

Es gibt heute eine ganze Reihe von Menschen, die sinngemäß die folgende Meinung vertreten: »Daran, dass es ein Leben nach dem Tod gibt, glaube ich eigentlich nicht. Aber ich werde in meinen Kindern weiterleben.« Auch wenn der zweite Satz häufig nur wie eine Floskel klingt, so hat er doch seine Berechtigung.

Die sogenannten Toten können den Hinterbliebenen, besonders denen, welchen sie zu gemeinsamen Lebzeiten sehr nahestanden, gewisse Neigungen und Fähigkeiten ›schicken‹ – insbesondere solche, die sie selbst im Erdendasein nicht ausleben konnten –, so dass zumindest etwas von ihnen in den auf der Erde Zurückgebliebenen weiterleben kann.

»In Wahrheit sind diejenigen, die durch die Pforte des Todes gegangen sind, gar nicht weg von uns. Sie sind uns viel näher, als man glaubt. Nun entwickelt sich der Mensch immer mehr und mehr, wenn er die Zeit durchlebt zwischen dem Tod und einer neuen Geburt, so dass er auch unmittelbar von sich aus auf die Welt hier herunterwirken kann. Und man nimmt wahr, als Einwirkung der hingegangenen Toten, von einer bestimmten Zeit an, dass gewissermaßen ihre Kraftstrahlen in unser Seelenleben eindringen. Aber diese Strahlen, dieses unmittelbare Wirken, das kann sich nicht in unser Vorstellungsleben, in unsere Gedanken direkt hineinleben, sondern das lebt sich mehr hinein in unsere Gewohnheiten, in die Art und Weise, wie wir sind, in die Art und Weise, wie wir es hier treiben; in das strömt hinein dasjenige, was aus den geistigen Welten herunterwirkt, und was von denjenigen zu uns kommt, die vor uns durch die Pforte des Todes gegangen sind.«[9]

Man kann bei einem Kind, das früh ein Elternteil durch Tod verloren hat, oftmals beobachten, dass es nach einiger Zeit Eigenschaften zeigt, die zwar auch vorher schon in ihm gelebt haben, die aber nicht so recht herauskommen konnten.

Ein Verstorbener bleibt mit seinen Kräften mit denjenigen verkörperten Menschen verbunden, die ihm im Erdenleben nahestanden. In früheren Zeiten hat man davon zumindest noch eine instinktive Ahnung gehabt. Das war auch der wesentliche Grund dafür, dass ein Vater so viel Wert darauf legte, dass sein Sohn den gleichen Beruf erlernt, weil er eben ahnte, dass er ihn nach seinem Tode aus der geistigen Welt inspirieren könnte.

»Nach solchen instinktiv gewussten Wahrheiten richtete sich früher vielfach das äußere Leben ein, auch wenn man dasjenige, was im äußeren Leben entstand, oftmals aus gewöhnlichen äußerlichen Gründen herleitete. Deshalb hat man in den Zeiten, in denen man solche Dinge noch recht instinktiv gefühlt hat, Rücksicht darauf genommen, dass der Sohn möglichst wenig aus dem Kreise seines elterlichen Zusammenhanges kam. Da war der Zugang leichter. Das Lernen desselben Geschäftes, das Darinnenstehen im selben Berufe, überhaupt das ganze real-konservative Festhalten an derselben Strömung, das war instinktiver Ausdruck für eine Erleichterung des Hereinwirkens der durch die Todespforte Gegangenen auf diejenigen, die sie hier zurückgelassen hatten.«[10]

Einige Menschen berichten, dass sie ein Verstorbener bei gewissen Arbeiten oder Aufgaben sehr unterstützt habe.

So erzählt eine Schneiderin, wie ihre früh verstorbene Mutter, bei der sie das Schneiderhandwerk erlernt hatte, ihr bei der Arbeit geholfen habe.

Nachdem meine Mutter schon sehr früh Witwe geworden war, übernahm sie die Schneiderei ihrer Eltern, die sich aus Altersgründen zur Ruhe setzten. Bei ihnen hat sie das Schneiderhandwerk erlernt. Sie hielt sich und ihre zwei Kinder, meinen Bruder und mich, mit ihrer Tätigkeit in dem kleinen Betrieb ganz gut über Wasser.

Meine Mutter liebte diese Arbeit sehr. Im Laufe der Jahre erweiterte sie ihre Fähigkeiten immer mehr, so dass sie jetzt auch oftmals sehr aufwändige Kleider mit zum Teil sehr komplizierten Schnitten herstellen konnte. Das sprach sich herum, so dass sie regelmäßig von einem Theater den Auftrag bekam, die unterschiedlichsten Kostüme anzufertigen. So wurden ihre Dienste immer mehr gefragt.

Obwohl ich eigentlich mit einem anderen Beruf liebäugelte, machte ich auf ihr Bitten und Drängen hin bei ihr eine Ausbildung zur Schneiderin. Zu meiner eigenen Überraschung machte mir diese Tätigkeit viel Freude. Als ich gerade mit der Ausbildung fertig war, starb meine Mutter recht plötzlich. Ich hatte noch sehr wenig Erfahrung und verfügte längst nicht über die fast künstlerischen Fähigkeiten, die meine Mutter hatte. Dennoch stand für mich fest, dass ich den Betrieb weiterführen werde.

Aber wie sollte ich das schaffen? Ich war noch nicht so weit, dass ich ähnliche Aufträge erfüllen konnte, wie es die Kunden von meiner Mutter gewohnt waren.

Dann hatte ich so eine Art Eingebung – man könnte es auch als eine innere Stimme bezeichnen –, die mir Mut machte, es zu versuchen.

Tatsächlich machte ich mich schon bald daran, nicht nur einfache Kleidungsstücke zu ändern oder anzufertigen, sondern auch komplizierte Kostüme fürs Theater. Wenngleich ich es mir nicht recht erklären konnte, klappte es erstaunlich gut. Alles ging mir so leicht von der Hand, dass ich manchmal den Eindruck hatte, wie wenn jemand meine Hand führen würde. Häufig hatte ich das Gefühl, dass meine Mutter mir gegenüber saß und mir Rat erteilte.

Mittlerweile – einige Jahre später – bin ich so geübt, dass ich ihrer Hilfe nicht mehr bedarf. Dennoch habe ich hin und wieder noch das Empfinden, dass meine Mutter ganz in meiner Nähe ist.

Ein Theologie-Professor erzählt, dass er als junger Hochschullehrer bei seiner ersten Vorlesung extrem nervös und fahrig gewesen sei, so dass er schon glaubte, er sei für den Beruf ungeeignet. Doch dann halfen ihm zwei Verstorbene – sein Vater und sein Gymnasiallehrer –, die Unsicherheit zu überwinden.

Ich erinnere mich noch äußerst genau an meine erste Vorlesung, die ich vor nunmehr fast dreißig Jahren zu halten hatte. Ich sprach über die Aussendung der Jünger Jesu, die das Christentum in die ganze Welt tragen sollten.

Obwohl ich mich sehr gründlich vorbereitet hatte, war ich im Vorfeld sehr nervös. Meine Nervosität steigerte sich, als ich den Hörsaal betrat und die fast 100 Studenten, die mich schon mit Spannung erwarteten, wahrnahm.

Ich zitterte am ganzen Körper, und das, was mir dann über die Lippen kam, war teilweise mehr ein Stammeln als ein Sprechen. Des Weiteren hatte ich große Mühe, mich an den zuvor sorgfältig ausgearbeiteten roten Faden meiner Vorlesung zu halten. So wurde es ein äußerst zerfahrener und geradezu chaotischer Vortrag.

Als die Vorlesung nach 60 Minuten, die mir wie eine Ewigkeit erschienen, endlich vorüber war, war ich heilfroh. Der dezente Beifall, den die Zuhörer mir spendeten, war wohl eher der Gewohnheit geschuldet. Vielleicht hatten sie auch Mitleid mit ihrem jungen Lehrer.

Ich war natürlich völlig verzweifelt und vermutete, dass der Beruf des Hochschullehrers für mich möglicherweise nicht der richtige sei. Ein älterer Kollege, dem ich mich unverzüglich anvertraute, versuchte mich zu trösten und meinte: »Das ging den meisten von uns anfangs auch so. Aller Anfang ist schwer! Das wird schon!«

Doch diese Worte, die ich als Floskeln empfand, was sie ja auch waren, konnten mich nicht trösten. Meiner zweiten Vorlesung, die in drei Tagen erfolgen sollte, sah ich mit Grauen entgegen.

Dann hatte ich in der folgenden Nacht einen Traum, an den ich mich noch heute ganz lebhaft erinnern kann. Es war einer der wenigen Träume, die man wohl sein Leben lang nicht vergisst.

In diesem Traum sah ich mich einen Waldweg entlang gehen. Ich war – ähnlich wie im realen Leben – sehr traurig und mutlos. Dann bemerkte ich, dass mir zwei Männer folgten. Als ich mich umdrehte, erkannte ich sie. Der eine war mein ein paar Jahre zuvor verstorbener Vater, mit dem ich stets ein sehr gutes Verhältnis pflegte. Er war Historiker und ein geradezu begnadeter Vortragsredner. Der andere war einer meiner Gymnasiallehrer, der mir früher im Grunde gar nicht einmal besonders sympathisch war. Auch er war gewiss schon vor Jahren gestorben.

Mein Vater lächelte mir liebevoll zu, sagte aber nichts. Mein Lehrer sprach: »Wir werden dir helfen!«

Dann wachte ich auf.

Obwohl dieser kurze Traum mich recht bewegt hatte, maß ich ihm keine Bedeutung bei und dachte nicht weiter über ihn nach.

In der Nacht vor meiner zweiten Vorlesung hatte ich kaum geschlafen. Als ich dann am Morgen aufstand, fühlte ich mich dennoch erstaunlich frisch und gut gelaunt. Selten hatte ich mich so wach gefühlt. Auch schien meine Angst, mich vor den Studenten wieder zu blamieren, wie verschwunden.

Als ich dann im Hörsaal mit dem Vortrag begann, hatte ich das Gefühl, wie wenn mein Vater und mein ehemaliger Lehrer neben mir stünden. Manchmal war mir bei dem, was ich sagte, wie wenn sie gewissermaßen durch mich durch sprechen oder mir zumindest die richtigen Worte einflößen würden. Kurzum, der Vortrag war ein voller Erfolg. Meine Studenten spendeten ehrlichen Applaus.

Zuvor wäre ich nie auf die Idee gekommen, dass Verstorbene den Hinterbliebenen in irgendeiner Weise helfen könnten. Aber jetzt war ich mir ziemlich sicher, dass mir diese Gnade zuteil wurde.

Auch in den nächsten vier, fünf Jahren hatte ich sehr oft die Empfindung, dass mein Vater und mein Lehrer mir bei meinen Vorlesungen und Vorträgen hilfreich zur Seite standen. Wenn ich mich auf eine Vorlesung vorbereitete, hatte ich bisweilen das sichere Gefühl, dass die beiden mir dabei halfen und mir die eine oder andere Idee eingaben.

Nach etwa fünf Jahren konnte ich ihre Anwesenheit und Hilfe nur noch höchst selten wahrnehmen. Aber mittlerweile war ich längst so routiniert, dass ich ihrer Unterstützung nicht mehr bedurfte.

Ein Mann schildert, dass er oftmals in seinem Leben, wenn er etwa vor einer schweren Entscheidung stand, das Gefühl hatte, das eine gewisse ›Instanz‹ in seinem Inneren ihm einen Impuls oder Rat gab, der sich immer als hilfreich erwies. Auch wenn er sich bis heute nicht sicher ist, so will er nicht ausschließen, dass es sich bei dieser ›Instanz‹ um seinen Großvater gehandelt haben könnte, der ihm vor vielen Jahren auf dem Sterbebett versprach, ihm aus der Himmelswelt immer helfen zu wollen.

Während ich als 17-jähriger Jüngling am Sterbebett meines innig geliebten Großvaters saß, waren seine letzten Worte: »Du wirst mich nicht verlieren, mein Junge! Ich werde – auch, wenn ich im Himmel bin – immer bei dir sein und dir stets zu helfen versuchen!«

Mir war bekannt, dass mein Großvater ein sehr religiöser und spirituell gestimmter Mann war, der aus seiner Überzeugung von einem Leben nach dem Tod keinen Hehl machte. Auch ich zweifelte nicht an der nachtodlichen Existenz des Menschen, hielt es aber damals für ein Ammenmärchen, dass Verstorbene noch in irgendeiner Weise Einfluss auf die auf der Erde zurückgelassenen Menschen ausüben könnten.

Heute – fast ein halbes Jahrhundert später – sehe ich das ganz anders. Mein Großvater hatte Recht!

Ich möchte hier nicht auf Einzelheiten eingehen. Vielmehr kann ich ganz pauschal sagen, dass es zahlreiche Situationen in meinem Leben gab, in denen ich eine folgenschwere Entscheidung zu treffen hatte oder in der mir eine gewisse Gefahr drohte. Vielleicht nicht immer, aber doch sehr häufig hatte ich die sichere Wahrnehmung, dass da eine gewisse ›Instanz‹ in meinem Inneren wirksam wurde, die mir einen Wink oder einen Impuls gab, der mir dann beispielsweise bei einer wichtigen Entscheidung half. Mal hatte ich in solchen Situationen den Eindruck, wie wenn ich eine innere Stimme vernehmen würde, die mir einen Rat gab, mal war es mehr ein Gedanke, der mir eingegeben wurde. Bisweilen wurde mir auch im Traum ein Hinweis gegeben.

Freilich kann ich nicht mit Bestimmtheit sagen, ob es wirklich mein Großvater war, der mir diese Hilfe angedeihen ließ. Sicher ist, dass es sich um übernatürliche Wahrnehmungen handelte und dass ich später keine meiner Entscheidungen, die ich durch diese Eingebungen getroffen habe, bereut hätte.

Es ist mir noch wichtig zu erwähnen, dass ich mich durch diese Impulse nie in meiner Willensfreiheit eingeschränkt fühlte. Schließlich hat mich niemand dazu gezwungen, so zu handeln oder zu entscheiden.

Die Sphärenmenschen können nicht nur ihre engsten Angehörigen unterstützen und inspirieren.

Menschen, die im Erdenleben erfüllt waren von ihrem Mitwirken in einer Gemeinschaft oder Gesellschaft, welche sich namentlich humanitären, spirituellen oder religiösen Aufgaben widmet, werden auch nach dem Tod ein großes Interesse an deren Aktivitäten zeigen. Sie können nun durchaus noch mitwirken und die verkörperten Mitglieder der Gemeinschaft auf vielfältige Art und Weise inspirierend unterstützen. Wenn die Menschen einer solchen Gemeinschaft zusammenkommen, dürfen sie sich dessen gewiss sein, dass auch einige ihrer ehemaligen Mitglieder, die schon über die Schwelle des Todes gegangen sind, anwesend sind und mitwirken.

Es ist sogar möglich, dass ein Erdenmensch von einem Verstorbenen Impulse erhält, dem er im Leben nie begegnet ist und den er nicht einmal kannte. In den meisten Fällen geschieht das dadurch, dass der Verstorbene in seine Träume hineinwirkt.

»Ich möchte eine einfache Tatsache vor Sie hinstellen, die Ihnen zeigen wird, wie dieser Zusammenhang ist, eine Tatsache, die nicht bloß ausgedacht ist, sondern in vielen Fällen beobachtet wurde: Ein Mensch merkt in einer bestimmten Zeit, dass er Empfindungen hat, die er früher nicht hatte, dass Sympathien und Antipathien auftreten bei ihm, die er früher nicht kannte, dass ihm das oder jenes leicht gelingt, was ihm früher nur schwer gelungen ist. Er kann sich das nicht erklären. Seine Umgebung kann es ihm nicht erklären. Die Tatsachen des Lebens selber geben ihm auch nicht die Erklärung. Bei einem Menschen, bei welchem wir solches beobachtet haben, wird man erfahren können, wenn man aufmerksam zu Werke geht – man muss allerdings auch einen Blick für solche Dinge haben –, dass er jetzt Dinge weiß und kann, über die er früher nichts gewusst, die er früher nicht gekannt hat. Geht man der Sache weiter nach, wenn man durch die Lehren des Okkultismus und der Geisteswissenschaft durchgegangen ist, so wird man von ihm ungefähr folgendes hören können: Ich komme mir jetzt ganz merkwürdig vor.

Ich träume jetzt etwas von einer Persönlichkeit, die ich nie im Leben gesehen habe. Sie spielt in meine Träume hinein, obgleich ich mich nie mit ihr beschäftigte. — Verfolgt man die Sache nun, so wird man finden, dass er bisher keine Veranlassung gehabt hat, sich mit ihr zu beschäftigen. Nun starb aber die Person, und nun erst tritt sie an ihn heran in der geistigen Welt. Als sie ihm genügend nahe gekommen war, zeigte sie sich ihm noch als Traumgestalt in einem Traume, der mehr war als Traum. Von dieser Person, die er vorher im Leben nicht gekannt hat, die aber, nachdem sie gestorben war, Einfluss auf sein Leben gewann, kamen die Impulse, die er vorher nicht gehabt hatte.«[11]

Erst ein sogenannter Toter ist wirklich reif, um auf andere Menschen, die noch verkörpert sind, zu wirken. Damit verstößt er auch nicht gegen die Freiheit der Menschen, die er inspiriert.

»Denn eigentlich, so sonderbar dies klingt, so recht reif, um unmittelbar auf andere Menschen zu wirken, indem wir in ihr Inneres hineinwirken, werden wir erst nach unserem Tode. Das, was wir im Leben nicht sollten: unsere eigenen Gewohnheiten einem anderen Menschen aufdrängen, der mündig geworden ist – ich meine jetzt geistig mündig geworden ist, nicht staatlich –, das ist aber recht und entspricht den Bedingungen der Fortentwickelung der Menschheit, nachdem wir selber durch die Pforte des Todes geschritten sind. Außer allem übrigen, was im fortschreitenden Karma und in den allgemeinen Gesetzen der Inkarnation enthalten ist, finden diese Dinge statt. Und wenn Sie nach den geheimen Ursachen fragen, warum die Menschen, sagen wir, jetzt dies oder jenes tun, so werden Sie bei vielem – allerdings nicht bei allem – finden, dass sie es tun aus dem Grunde, weil gewisse Impulse von denjenigen herunterfließen, die vor zwanzig, dreißig Jahren gestorben sind, oder die vor noch längerer Zeit gestorben sind. Das sind die geheimen, aber konkreten Zusammenhänge zwischen der physischen und der geistigen Welt. Denn nicht nur für uns selber reift etwas heran in demjenigen, was wir durch die Pforte des Todes tragen, sondern auch für die übrige Welt. Aber es wird erst von einem bestimmten Momente ab wirklich reif, auf andere zu wirken.«[12]

2.2 Weiteres Wirken der Verstorbenen

I n diesem Abschnitt, mit dem Kapitel 2 enden soll, werden wir noch zwei besondere Wirkungsfelder betrachten, auf denen manche Verstorbene tätig sind.

2.2.1 Mitwirken am Erdenfortschritt

Die Menschen entfalten nach dem Tod – insbesondere wenn sie in der Geisteswelt sind – sehr viele weitere Aktivitäten und Tätigkeiten. Diese beziehen sich nicht nur auf die Ausgestaltung der künftigen Leiblichkeit sowie auf die Planung und Vorbereitung ihrer nächsten Inkarnation, sondern auch auf vieles, was in dieser Zeit auf der Erde geschieht.

Der ach so zivilisierte und gescheite Mensch ist es ja heute gewohnt, alle Naturerscheinungen – denken Sie etwa an die Planetenbewegungen, an meteorologische Phänomene, an geologische Umwälzungen und dergleichen – auf »wesenlose Kräfte«, auf »wesenlose Energien« zurückzuführen. Solche *wesenlosen* Kräfte bzw. Energien sind aber ein Hirngespinst! Alle diese Phänomene werden vielmehr von »kraftvollen *Wesen*«, etwa von den geistigen Wesen der höheren Hierarchien bewirkt.

Aber es sind nicht nur die hohen göttlich-geistigen Wesen, die auf diesem Gebiet ihre Tätigkeiten entfalten. Auch die Menschen, die durch die Pforte des Todes gegangen sind, können hier in einigen Teilbereichen mitwirken. Sie haben wichtige Arbeiten zu leisten, die für die Erdenentwicklung vonnöten sind. Wenn diese Seelen später wieder geboren werden, so hat sich in der Zwischenzeit die Erde in vielerlei Hinsicht gewandelt. An diesen Wandlungen, an diesen Umgestaltungen arbeiten sie selbst mit, während sie sich in der geistigen Welt aufhalten. Sie verwandeln das Antlitz der Erde. Die Toten arbeiten an der Umgestaltung der Tier- und Pflanzenwelt sowie insbesondere an der Umgestaltung der festen Erde.

»Erdenarbeit ist Totenarbeit. Auch in den Naturkräften haben wir die Handlungen der entkörperten Menschen zu sehen. Und wie gewaltig arbeiten diese Naturkräfte die Erde um!«[13]

Wenn also beispielsweise irgendwelche Landmassen im Laufe langer Zeiten zu Ozeanen werden – wie das etwa beim Atlantischen Ozean der Fall war –, so ist darin auch das Werk der Toten zu sehen.

»Alle Tätigkeit, alles Arbeiten hat einmal vor Zeiten einen Anfang genommen. Da gab es noch keine Pyramiden, da gab es auch noch keine Werkzeuge. Alles war da, wie die Götter, oder wie die Materialisten sagen, die Naturkräfte es gegeben hatten, und der Mensch war in das hineingesetzt. Jetzt ist rund um uns her die Erde durch äußere Menschenarbeit umgestaltet; und was hier [im Erdenleben] nicht erreicht werden kann, was der Mensch hier nicht tun kann, das tut er in der

Zeit zwischen Tod und neuer Geburt. Somit hängt unsere eigene Entwickelung zusammen mit der Veränderung der ganzen Erde. Der Bau und die Evolution der Erde ist die Arbeit des Menschen auf den höheren Planen, und je höher sich der Mensch selbst entwickelt, um so rascher und vollkommener schreitet die Umgestaltung der physischen Erde und der Fauna und Flora vorwärts. Je höher er entwickelt ist, desto länger hat er zu arbeiten in den höheren Partien des Devachan. [...] In vielen Sagen und Märchen hat der scheinbar kindliche, in Wirklichkeit aber von hohen Kräften inspirierte Menschengeist diese Tatsachen zum Ausdruck gebracht.«[13]

Für die Toten ist das keineswegs ein wundersames Geschehen, sondern eine ganz natürliche Arbeit.

Auch in den Kräften der Natur kann man das Wirken der Toten finden. Bei all diesen Arbeiten werden sie von hohen Geistwesen angeleitet und geführt. In ähnlicher Weise wie für die Lebenden die Luft, die sie atmen müssen, wirkt, wirkt in der Welt der Toten das Licht. Die Toten weben und wesen im Licht.

»In dem ausgebreiteten Licht sieht der Eingeweihte die Wesen der Toten. So sind zum Beispiel für den Seher die Pflanzen umgeben von den Geistern der Verstorbenen, und indem das Licht die Pflanze wandelt und wachsen lässt, sind es die Geister der Toten, die das vollbringen.«[14]

Man muss zugeben, dass diese Tatsache für jemanden, der sich die heute übliche materialistische Weltauffassung zu eigen gemacht hat, wie ein Märchen anmuten dürfte.

Einigen Menschen wird für eine gewisse Zeit ihres nachtodlichen Lebens, wenn sie in der Venussphäre weilen, die Aufgabe zuteil, an der Mission mitzuwirken, alles dasjenige in die physische Welt ›hineinzugießen‹, was die Erde zum Blühen und Gedeihen bringen und ihre Wesen in ihrer Gesundheit fördern kann. Diese verstorbenen Menschen werden zu Dienern der guten Mächte von Gesundheit und allen heilsamen Kräften.

»Wenn der Seher den Blick in die übersinnliche Welt hinaufrichtet, wo sich die Seelen nach dem Tode aufhalten, so findet er dort Seelen, welche in einem gewissen Abschnitte dieses Lebens zwischen Tod und neuer Geburt [...] Diener sind derjenigen Mächte, die wir nennen die Herren alles gesunden, sprießenden und sprossenden Lebens auf der Erde. Wir finden unter den verstorbenen Menschen durchaus solche, welche eine gewisse Zeit hindurch in der übersinnlichen Welt mitwirken an der wunderbaren Aufgabe – denn es ist eine wunderbare Aufgabe –, in die physische Welt hineinzugießen, hineinzuträufeln alles, was die Wesen der Erde in ihrer Gesundheit fördern kann, was sie zum Blühen und Gedeihen bringen kann.«[15]

Insbesondere solche Menschen, deren Denken und Tun in ihrem Erdenleben nicht bloß aus einem Pflichtgefühl heraus, sondern aus Liebe und Hingabe geboren war, haben eine Anwartschaft auf diese beseligende Tätigkeit.

Der Vollständigkeit halber muss noch erwähnt werden, dass einige Menschen – vorwiegend in der Merkursphäre – aber auch zu Dienern der bösen Mächte werden können, die schlimme Krankheiten, etwa Seuchen, oder anderes Unglück und Ungemach in die Welt bringen.

»Da sehen wir – das ist wiederum für den Seher etwas Erschütterndes – viele Seelen, die eine gewisse Zeit zwischen Tod und neuer Geburt verurteilt sind, Sklaven zu werden der Geister, die da hereinsenden in das physische Leben Krankheit und Tod. Da sehen wir also Seelen zwischen Tod und Neugeburt, welche in das Sklavenjoch gespannt sind derer, die wir die ahrimanischen Geister oder die Geister der Hindernisse nennen, also derjenigen, die auf Erden am Tode schaffen, und derjenigen, die Hindernisse ins Leben bringen. Das ist ein hartes Los, das der Seher beobachtet bei manchen Seelen, wenn sie sich so in das Sklavenjoch beugen müssen.«[16]

Auch wenn diese unheilvollen Dinge alle ihre karmische Berechtigung haben, so ist es doch eine sehr schlimme Arbeit, die diese Toten jetzt gewissermaßen als Sklaven der bösen Mächte leisten müssen. Ein solches Schicksal droht insbesondere solchen Menschen, die sich in ihrem Erdenleben als sehr gewissenlos erwiesen oder in diesem eine große Bequemlichkeit an den Tag gelegt haben.

2.2.2 Das Wirken Jungverstorbener

Der Tod eines Kindes gehört gewiss zu den härtesten Schicksalsschlägen, die Eltern treffen können. Er stellt diese auf eine zuvor nicht gekannte Lebensprobe. Die übergroße Trauer ist nur allzu verständlich.

Kinder, die vor dem 14. Lebensjahr sterben, sind im spirituellen Sinne noch nicht schuldfähig. Daher ist klar, dass ihnen all diejenigen leid- und qualvollen

Erlebnisse und Erfahrungen, die viele verstorbene Erwachsene in der Seelenwelt durchmachen müssen, erspart bleiben. Insbesondere müssen sie das Kamaloka nicht durchlaufen. Sie kehren sofort in den vorgeburtlichen Zustand, also in die Geisteswelt, zurück. Ein verstorbenes Kind hat noch ein besonderes Interesse, an dem Leben seiner Eltern und Geschwister teilzuhaben. Es wird sich lange Zeit in ihrer Nähe ›aufhalten‹. Die Eltern verlieren sozusagen ihr Kind nicht.

Zu den hervorragendsten inneren Erlebnissen eines in jungen Jahren verstorbenen Menschen, die er in die geistige Welt trägt, gehört ein starkes inneres Vorstellungsbewusstsein von dem Wunderbau des physischen Leibes, an dessen Gestaltung er vor noch nicht so langer Zeit in seiner vorgeburtlichen Phase ja selbst mitwirken durfte. Durch das Erfülltsein mit dieser Vorstellung kommt die Seele mit hohen geistigen Wesen zusammen. Verstorbene Kinder werden nun insbesondere von den *»Geistern der Form«* (☛ Anhang, Tabelle 3, S. 127ff.) mit großer Huld und Gnade empfangen. Das sind keine geringeren Wesen, als diejenigen, die in der Genesis *»Elohim«* genannt werden, also die göttlich-geistigen Wesen, die maßgeblich an der Schaffung des Erdenmenschen beteiligt waren.[17]

Sphärenmenschen, die schon sehr früh – also im Kindes- oder Jugendalter – gestorben sind, können besonders wichtige und geradezu großartige Aufgaben übernehmen und höchst wertvolle Arbeiten leisten.

Ein noch sehr junger Mensch trägt nach seinem Übergang einen Äther- und Astralleib in die geistigen Sphären hinein, die noch viele Jahrzehnte im Sinne der menschlichen Organisation hätten wirken können. Diese unverbrauchten Kräfte können zum Segen für den Kosmos und insbesondere für andere Tote werden. Diese Kräfte können nun etwa in die Waagschale geworfen werden, um denjenigen Seelen zu helfen, die ihre Verhaftung mit der Erdenwelt, die eine Folge ihres Verhaltens und ihrer Gesinnung im Erdenleben ist, nicht überwinden konnten. Diese erdgebundenen Seelen, die durch ihre zumeist materialistische Gesinnung eine viel zu große ›Seelenschwere‹ haben, um in die höheren Welten aufsteigen zu können, können durch die Wesen der höheren Hierarchien *allein* nicht gerettet werden. Diese benutzen nun die noch unverbrauchten Kräfte der Jungverstorbenen, um diejenigen Seelen zu retten, die sich nicht durch eigene Kraft retten könnten.

»So helfen die Seelen, die frühzeitig zugrunde gehen, ihren Mitmenschen, die sonst im Morast des Materialismus versinken würden.«[18]

Seelen, die sich gerade auf ihre neue Inkarnation vorbereiten, die also kurz vor ihrer Wiederverkörperung stehen, suchen oftmals die Gesellschaft derjenigen Seelen auf, die vor kurzer Zeit in jungen Jahren gestorben sind. Diesen Seelen kommt das zugute, was die Seelen der Jungverstorbenen ihnen als Kraft von der Erde hinauftragen können, um ihrerseits die Kräfte besser finden zu können, die sie für ihre Verkörperung benötigen.[19]

»Wenn dagegen Kinder sterben, welche neun bis zehn Jahre, aber noch nicht sechzehn, siebzehn Jahre alt sind, dann findet man sie ganz bald nach dem Tode in Gesellschaft von geistigen Wesen. Aber diese geistigen Wesen sind Menschenseelen. Man findet sie viel in Gemeinschaft mit Menschenseelen, und zwar mit solchen, die bald herunterkommen müssen auf die Erde, mit solchen, die auf ihre nächste Inkarnation warten. Diejenigen Menschen, die ganz früh im Kindesalter sterben, also bis zum siebenten, achten Jahre, findet man viel beschäftigt mit Menschen, die hier unten sind. Diejenigen aber, welche im Alter von sieben, acht bis sechzehn, siebzehn Jahren sterben, findet man mit solchen Seelen beschäftigt, die bestrebt sind, sich bald zu inkarnieren. Das sind dann für diese Seelen bedeutsame Stützen und Hilfen, man könnte sagen, wichtige Boten für dasjenige, was sie brauchen, um sich vorzubereiten für ihr Erdendasein.«[20]

Das, was die Frühverstorbenen durch die Todespforte tragen, wird allen Seelen, die sich zu ihrer neuen Inkarnation anschicken, zu einem wichtigen Erlebnis. Aus dem Tod sehr junger Menschen entstehen auch die Keime für die seelischen Anlagen, welche die ganze Menschheit für ihre Weiterentwicklung benötigt.

»Derjenige, welcher jung stirbt, gibt, indem er seinen Ätherleib hinopfert in seiner Jugend, dem ganzen Kosmos einen fruchtbaren Boden für die Ausreifung der inneren seelischen Anlagen der Menschen.«[21]

Diesem fruchtbaren Boden, diesen Keimen verdanken besonders geniale Menschen häufig ihre Genialität im nächsten Erdenleben. Diese Tatsache widerspricht natürlich nicht derjenigen, dass der jeweilige Mensch sich in vorausgegangenen Inkarnationen so entwickelt haben muss, dass sich diese Genialität dann manifestieren kann.

»Wenn wir aufblicken zu besonders genialen Menschen, so ist die Genialität verdankt der Tatsache, dass Menschen auch jung sterben müssen. Denn aus dem frühen Tode Jungverstorbener erstehen die Keime für die seelischen Anlagen, welche die Menschheit in ihrer Fortentwickelung braucht.«[22]

Man kann wohl sagen, dass ein Mensch, der in den ersten Jahren seines Lebens stirbt, sich in gewisser Weise hinopfert. Ein solcher früher Tod kann anderen Verstorbenen und der ganzen Menschheit zu einem unermesslich großen Segen gereichen. Da ein verstorbenes Kind die Seelenwelt nicht durchlaufen muss, wird es sich im Normalfall deutlich früher wieder verkörpern als jemand, der als Erwachsener gestorben ist. Es kann durchaus vorkommen, dass es schon nach einigen Jahren oder wenigen Jahrzehnten wieder auf dem physischen Plan erscheint. In einigen Fällen wird es sich wieder im Lebensumfeld der ›ehemaligen‹ Eltern – vielleicht als deren Enkel oder Nachbarskind – inkarnieren.

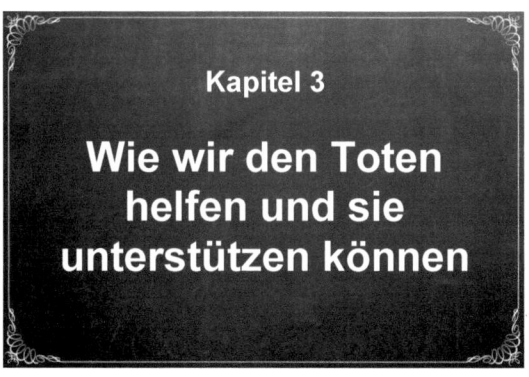

Die Toten starben nicht. Es starb ihr Kleid.
Ihr Leib zerfiel, es lebt ihr Geist und Wille.
Vereinigt sind sie dir zu jeder Zeit
in deiner Seele tiefer Tempelstille.

In dir und ihnen ruht ein einiges Reich,
wo Tod und Leben Wechselworte tauschen.
In ihm kannst du, dem eigenen Denken gleich,
den stillen Stimmen deiner Toten lauschen.

Und reden kannst du, wie du einst getan,
zu deinen Toten lautlos deine Worte.
Unwandelbar ist unsres Geistes Bahn
und ewig offen steht des Todes Pforte.

Schlagt Brücken in euch zu der Toten Land,
die Toten bau'n mit euch am Bau der Erde.
Geht wissend mit den Toten Hand in Hand,
auf dass die ganze Welt vergeistigt werde.

Manfred Kyber

I n diesem Kapitel wollen wir auf das vielleicht wichtigste Thema innerhalb des Buches zu sprechen kommen. Es geht darum, was jeder von uns leisten kann und sollte, um seine teuren Verstorbenen auf ihrem nachtodlichen Weg zu unterstützen, um ihnen mannigfaltige Wohltaten zu erweisen.

Es dürfte wohl zu den größten Tragödien unserer Zeit gehören, dass uns eine tiefe, schier unüberwindbare Kluft von unseren sogenannten Toten zu trennen *scheint*. Selbst diejenigen Zeitgenossen, die davon überzeugt sind, dass ihre lieben Verstorbenen in einer anderen Welt weiter*leben*, vermögen ihnen außer einem mehr oder weniger würdigen Begräbnis und ihrer Trauer, die zudem für die Toten noch sehr bedrückend und hinderlich sein kann, nichts zu geben.

Wir haben ja schon gesehen, dass Verstorbene aus ihren übersinnlichen Welten heraus den Lebenden, insbesondere solchen, mit denen sie im Erdenleben verbunden waren, sehr viele Wohltaten erweisen können, auch wenn die Lebenden sich dessen im Normalfall gar nicht bewusst werden. Es kann für einen Verstorbenen zu einer sehr schlimmen, ja unerträglichen Erfahrung werden, wenn er erkennen muss, dass seine Hinterbliebenen nicht mehr ganz real mit seiner Existenz rechnen und keinerlei Verbindung mehr zu ihm suchen.

Das, was in diesem Kapitel beschrieben werden soll, zeigt, dass die Lebenden sehr viel für ihre lieben Dahingeschiedenen leisten können. Es kann mit dazu beitragen, eine Brücke zwischen den Lebenden und den sogenannten Toten zu bauen, wodurch es zu einer ganz realen Gemeinschaft zwischen den Menschen, unabhängig davon, in welcher Welt sie gerade weilen, kommen kann.

3.1   Die Begleitung in den ersten Tagen nach dem Tod

D ie Begleitung bzw. Unterstützung eines Verstorbenen sollte schon unmittelbar nach Eintritt des Todes seinen Anfang nehmen.

Der Brauch, der bis vor 60, 70 Jahren noch wie ganz selbstverständlich gepflegen wurde, kann auch heute wieder aufleben. Sofern ein Angehöriger in der eigenen Wohnung stirbt, sollte man – soweit es die Räumlichkeiten hergeben – seinen Leichnam in der Wohnung aufbahren. In den einzelnen Bundesländern gibt es unterschiedliche Vorschriften, wie lange das erlaubt ist. Sofern keine rechtlichen oder sonstigen Vorschriften dagegen sprechen, *kann* man ihn durchaus bis kurz vor der Trauerfeier, der dann die Einäscherung oder Erdbestattung folgt, in der Wohnung belassen. Das war noch bis in die 1950er-Jahre absolut üblich.

Es empfiehlt sich, das Sterbelager mit Blütenblättern zu schmücken und Kerzen zu entzünden. Angehörigen und Freunden kann man jetzt die Gelegenheit geben, sich in Ruhe und Würde von dem Toten zu verabschieden.

Ein weiterer schöner Brauch früherer Tage könnte dann auch wieder belebt werden: Die *Totenwache*.

Das kann so geschehen, dass rund um die Uhr mindestens eine Person bei dem Toten wacht. Dabei könnte man sich im 1- oder 2-Stunden-Takt mit anderen Angehörigen, Freunden, Bekannten oder Nachbarn abwechseln. Der Wachende kann Gebete sprechen oder aus der Bibel vorlesen. Das wichtigste Gebet für *alle Lebenslagen* ist das »Vaterunser«, das Christus selbst den Menschen geschenkt hat. Diesem Gebet wohnt – wie Rudolf Steiner einmal sagte – eine magische Kraft inne. Sofern man das Vaterunser mit großer Aufmerksamkeit, Andacht und Würde spricht, wird diese Kraft ihre positive Wirkung nicht verfehlen, selbst dann, wenn der Betende den Sinn der ungeheuer tiefen Worte dieses Gebetes nicht gänzlich zu verstehen vermag.[1]

In den ersten Tagen und Wochen nach dem Tod kann es für den Verstorbenen besonders hilfreich und wohltuend sein, wenn man aus den Evangelien liest. Welches Evangelium bzw. welches Kapitel man wählt, ist gar nicht so entscheidend. Die meisten Evangelientexte stellen einen urbildlichen Hintergrund *jeder* menschlichen Biografie dar. Besonders empfehlen kann man allerdings das »*Hohepriesterliche Gebet*«, das sich im 17. Kapitel des *Johannes-Evangeliums*, dem spirituellsten aller Evangelien, findet.

Neben den Gebeten oder Evangelientexten gibt es noch eine Fülle von Sprüchen, die man auch als »*Gebets-*« oder »*Meditationssprüche*« bezeichnen könnte, die für einen Verstorbenen eine äußerst positive Wirkung entfalten können.

>**»Es muss der Verkehr mit den Toten durchaus innerhalb des Seelischen bleiben. Dabei kann es sich nur darum handeln, dass immer nur dasjenige Gebet an die Toten zu richten ist, das die Tendenz hat, zu den Toten hin die Brücke zu finden, und dass auch die Meditation, die rituelle Handlung und so weiter so an die Toten gerichtet werden, dass man dadurch seelisch in Beziehung zu den Toten kommt. Auf diese Weise ist sowohl der Welt gedient, in welcher die Toten sich befinden, als auch der Welt, in welcher die Lebenden sich befinden.«[2]**

Rudolf Steiner verdanken wir etliche Sprüche, die er für die Begleitung Verstorbener gegeben hat. Bei diesen Sprüchen handelt es sich nicht um irgendwelche Texte, die sich ein kreativer Mensch ausgedacht hätte und die ein anderer schön oder weniger schön, ansprechend oder weniger ansprechend finden könnte. Alle diese Worte hat Rudolf Steiner unmittelbar aus der geistigen Welt empfangen. Diese Sprüche werden genau wie das Vaterunser ihre Wirkung nicht verfehlen, auch wenn man die tiefe Bedeutung nicht ganz verstehen sollte. Wir werden diese Sprüche an der jeweils geeigneten Stelle vorstellen. Im Anhang sind der Übersichtlichkeit wegen noch einmal *alle* Sprüche aufgeführt (☛ S. 131ff.).

Für einen Menschen, der gerade erst durch die Pforte des Todes geschritten ist, eignet sich ganz besonders der folgende Spruch:

> Unsre Liebe folge Dir,
> Seele, die da lebt im Geist,
> die ihr Erdenleben schaut;
> schauend sich als Geist erkennt.
> Und was Dir im Seelenland
> denkend als Dein Selbst erscheint,
> nehme unsre Liebe hin,
> auf dass wir in Dir uns fühlen,
> Du in unsrer Seele findest,
> was mit Dir in Treue lebet.[3]

Dieser Spruch wendet sich ganz offensichtlich an einen Menschen, der erst vor ganz kurzer Zeit die Todespforte durchschritten hat. Er eignet sich also insbesondere für die ersten Tage nach dem Tod, wenn der Mensch noch sein Erdenleben in dem gewaltigen Panorama schaut. Wie wir wissen, hat sich sein Ätherleib vom physischen Leib befreit, wodurch alle Erinnerungen an sein soeben abgelegtes Erdenleben frei werden. Er schaut jetzt etwa drei Tage lang auf sein Lebenstableau, das alle Situationen seines Lebens in allen Einzelheiten zeigt. Er schaut also sein Erdenleben. Der Spruch kann auch bei der Trauerfeier oder dem Begräbnis und durchaus auch noch später gesprochen werden.

Wenn man als *Einzelner* diesen Spruch zitieren möchte, können die Pluralformen »unsre« und »wir« durchaus beibehalten werden. Man kann sich dann vielleicht vorstellen, dass andere Menschen aus dem Lebensumfeld des Verstorbenen den Spruch mitsprechen oder mitdenken.

Auch sehr zu empfehlen ist, dass die Hinterbliebenen in dieser Zeitspanne sich immer wieder einmal sein Leben in allen seinen unzähligen und individuellen Einzelheiten so konkret wie möglich wachrufen.

Sollte es nicht möglich sein, den Verstorbenen daheim aufzubahren, kann man prinzipiell dennoch genauso verfahren wie oben beschrieben. Nur dürfte es mit der nächtlichen Totenwache schwierig werden, wenn er in einem Abschiedsraum einer Leichenhalle, eines Bestattungsunternehmens oder eines Altenheims aufgebahrt wird.

3.2 Die Trauerfeier

D ie Trauer- oder Verabschiedungsfeier, die dem Begräbnis oder der Kremation vorausgeht, erfolgt im Normalfall drei oder vier Tage nach Eintritt des Todes. Sie wird meistens in einer Kirche oder in einer Trauerhalle eines Friedhofs gefeiert. Sofern der Verstorbene auf einem entsprechenden Anwesen wohnte, kann sie durchaus auch dort auf dem Hof oder im Garten vollzogen werden. In den wohl meisten Fällen wird die Feier von einem Pfarrer der in Frage kommenden Religionsgemeinschaft nach deren Ritus zelebriert.

Arie Boogert schreibt in seinem Buch »*Wir und unsere Toten*« über den Abschiedsritus, wie er von Rudolf Steiner den Priestern der Christengemeinschaft gegeben wurde:

> »*Die vom Priester gesprochenen ›gebetsartigen Formeln‹, die von ihm verrichteten Handlungen, sie sind ein Spiegelbild dessen, was auf der ›anderen Seite‹ von den Engeln als himmlischer Kultus zelebriert wird. Dort wird das Seelisch-Geistige des Toten mit einem ›Empfangskultus‹ begrüßt. Der Abschiedsritus am Sarg korrespondiert mit diesem himmlischen Kultus. In den auf Erden gesprochenen Worten klingen die Gebete der Engel mit.*«[4]

Ein ganz wesentlicher Bestandteil der Trauerfeier ist die *Trauerrede*. Schauen wir aber zunächst einmal auf die Situation, in der der Tote sich jetzt gerade befindet.

Ungefähr drei, vier Tage nach seinem Übergang, also etwa am Tage der Trauerfeier oder kurz davor, schwindet für den verstorbenen Menschen das Lebenstableau dahin. Ein paar Tage lang hatte er sein ganzes abgelegtes Leben noch einmal in großen Bildern verfolgen können. In diesen gewaltigen Bildern hat er gewissermaßen gelebt. Das war für ihn sehr wichtig, damit sein nachtodliches Ich-Bewusstsein angefacht werden konnte. In dieser kurzen Zeitspanne war er vorwiegend damit beschäftigt, sein soeben beendetes Erdenleben anzuschauen. Jetzt kann er sich langsam für andere Wahrnehmungsmöglichkeiten öffnen. Es kann für ihn nun durchaus eine große Bedeutung haben, wenn man sich im Familien- oder Freundeskreis des Öfteren über ihn und sein Leben unterhält, wenn man Stationen seines Lebens Revue passieren lässt. Das sollte seinen Anfang spätestens bei der Trauer-, Grab- bzw. Leichenrede nehmen. Solche Ansprachen können genutzt werden, um charakteristische Eigenschaften und wesentliche Lebensstationen des Verstorbenen zu beleuchten. Meistens wird die Trauerrede von einem Pfarrer, dem die Angehörigen rechtzeitig die Lebensdaten und die besonderen Erlebnisse des Verstorbenen zuleiten müssen, gehalten. Sie kann aber auch von einem Familienmitglied oder Freund übernommen werden.

Diese Reden sollten frei von Sentimentalitäten und Pathos sein. Auch eine Schönfärberei sollte vermieden werden. Wichtig ist, dass der ›rote Faden‹ seines Lebens sichtbar gemacht wird. Hervorzuheben sind solche Handlungen und Beziehungen, die für seine Mitmenschen eine Bedeutung hatten. Solange der Verstorbene noch das Lebenspanorama vor sich hat, also gewissermaßen in den unzähligen Bildern seines abgelegten Lebens lebt, kann er die Gedanken und Gefühle, welche die Hinterbliebenen an ihn richten, noch nicht wahrnehmen. Diese gehen aber keineswegs verloren.

»Was in diesen Tagen unmittelbar nach dem Tod innerlich durch uns an Erinnerungen und Bildern aus den Evangelien für den Verstorbenen bereitet wird, das findet er vor, wenn er aus seinem Lebenstableau erwacht ist. Das gilt auch für das, was während der Bestattungs- und Kremationsfeier gesprochen wird.«[5]

Alle unsere Gedanken, Gebete, Gefühle usw., die wir an den Toten in den ersten Tagen nach seinem Übergang gerichtet haben, bekommt er sehr wohl mit, allerdings – wenn wir so sagen dürfen – mit einer zeitlichen Verzögerung. Erst wenn er nach etwa drei, vier Tagen seinen Ätherleib abgelegt hat, hat er ganz zu sich selbst gefunden. Dann kann er quasi im Nachhinein durch die Trauerrede erkennen, wie sich sein Dasein im Erleben seiner Mitmenschen gespiegelt hat. Es ist also – wenn wir diesen banalen Vergleich heranziehen dürfen – so ähnlich, wie wenn wir einem Freund, der am anderen Ende der Welt wohnt, einen Brief schreiben. Das, was wir ihm auf diese Weise mitteilen, kann er auch erst erfahren, wenn er den Brief ein paar Tage später bekommen hat und lesen kann. Ein solcher ›Lebensrückblick‹ kann dem Verstorbenen dabei helfen, sein Ich-Bewusstsein entfachen und bewahren zu können. Diese Rede kann man durchaus auch so auffassen, dass der Verstorbene damit den übrigen ›Himmelsbewohnern‹ vorgestellt wird.

In vielen Fällen wird sich die Trauergemeinde – oder zumindest der innere Kern – anschließend zum »Leichenschmaus« begeben. Leider scheint die Unsitte immer mehr um sich zu greifen, dass während dieser Zeit über alles Mögliche gesprochen wird, nur nicht über den Toten, und dass der Alkoholkonsum bisweilen bedenkliche Ausmaße annimmt. Natürlich ist es häufig so, dass man entfernt wohnende Verwandte fast nur auf Beerdigungen zu sehen bekommt und nun den Wunsch hat, mit ihnen auch über andere Dinge zu reden. Dennoch sollte bei solchen Anlässen der Tote im Mittelpunkt des Interesses und der Gespräche stehen. Es gibt verschiedene Möglichkeiten, wie man einen würdigen Leichenschmaus gestalten kann.

Einen sehr schönen und nachahmenswerten hat der Verfasser vor Jahren erleben dürfen. Die etwa 15 Personen umfassende Trauergesellschaft saß um einen Tisch herum. Es gab Kaffee und Streuselkuchen, keinen Tropfen Alkohol. Während des Kaffeetrinkens und auch noch anschließend war es dann so, dass jeweils einer aus dem Kreis völlig ungezwungen aufstand und einige Minuten von gemeinsamen Erlebnissen mit dem Verstorbenen erzählte. Alle anderen lauschten aufmerksam. Je nach Art der Erlebnisse wurde bisweilen geweint oder auch herzlich gelacht. Nachdem der eine seine Schilderungen beendet hatte, stand der nächste auf und berichtete von seinen gemeinsamen Erlebnissen mit dem Toten. In all der Zeit – es dürfte sich wohl um gut zwei Stunden gehandelt haben – wurde kein Wort gesprochen, das nicht den Verstorbenen betraf. Auch der Witwe schien diese Runde gut zu tun.

Diese Art, im Familien- oder Freundeskreis über charakteristische Begebenheiten aus dem gemeinsamen Erleben mit dem Toten zu erzählen und Stationen seines Erdenlebens zu beleuchten, kann man deutlich über den Tag der Verabschiedung ausdehnen. Man darf sich sicher sein, dass der Verstorbene das zumindest solange noch mitbekommen kann, wie er im Kamaloka weilt, also etwa in einer Zeitspanne, die einem Drittel seines letzten Erdenlebens entspricht. Auch jetzt kann es für den Toten noch eine Bedeutung haben, auf diese Weise seinen ›Lebensfaden‹ und die Einschätzung seiner Mitmenschen erkennen zu können. Auch hierdurch könnte seine für das nachtodliche Leben so außerordentlich wichtige Selbsterkenntnis gefördert werden.

Sie kennen sicher den lateinischen Spruch *»De mortuis nihil nisi bene«*, der *ganz wörtlich* übersetzt werden kann mit: »Über Tote nichts, wenn nicht gut«. Etwas freier wird er meistens mit »Über Tote soll man nur Gutes reden« übersetzt. Dieser Spruch führt bei vielen Menschen dazu, dass sie die Schattenseiten, die gewiss jeder Mensch hat, ausklammern, wenn sie über einen Verstorbenen reden oder seiner gedenken. Das führt auch zu den schöngefärbten Trauerreden, die man immer wieder hören kann. Es ist aber für einen Sphärenmenschen nicht hilfreich, wenn man ihm auf diese Weise sein Erdenleben in einer im Grunde verzerrten Weise spiegelt. Die Bedeutung des Spruches kann und sollte man eher so auffassen, dass man über einen Toten nur in einer »guten Gesinnung« oder in einer »guten Absicht« redet. Wenn man ihm also gewisse negative Eigenschaften oder gar Verfehlungen spiegelt, so sollte man das in der guten Absicht machen, dass ihm dadurch solche deutlich werden können, dass er erkennen kann, wie diese auf seine Mitmenschen gewirkt haben, wie sie bei ihnen angekommen sind. Das, was man dann sagt oder denkt, sollte nicht den Charakter des Verurteilens haben und frei von Zorn sein. Vielmehr sollte man dem Toten seine Schattenseiten liebevoll beleuchten.

3.3   Der Umgang mit der eigenen Trauer

J eder von uns, der schon einmal den Tod eines ihm sehr vertrauten und liebgewonnenen Menschen zu beklagen hatte, weiß um die Gefühle, die einen in einer solchen Situation überfallen. In den ersten Tagen nach Eintritt des Todes ist man manchmal noch in einer Art Schockzustand; man ist wie paralysiert. Aber spätestens nachdem der Körper des geliebten Menschen der Erde oder dem Feuer übergeben worden ist, wird einem nach und nach bewusst, was eigentlich passiert ist. Der liebe Verstorbene hat eine Lücke gerissen, die durch nichts und niemanden ausgefüllt werden kann. Man scheint seiner Trauer ohnmächtig und hilflos ausgeliefert zu sein. Diese Trauer ist völlig normal und sollte durchaus gelebt werden.

Nun ist der Trauernde aber nur der *eine* Mensch, der hier zu berücksichtigen ist. An die Situation des Betrauerten wird oftmals kaum gedacht, was wieder einmal deutlich macht, dass viele wohl doch nicht ganz ernsthaft und bewusst damit rechnen, dass dieser nach wie vor – und zwar realer denn je – existiert! So beachtet man nicht, dass die Gefühle der Hinterbliebenen auch eine Auswirkung auf den Verstorbenen haben können. Dieser kann ja nach wie vor das Seelische, also insbesondere auch die Emotionen der Menschen, die er zurückgelassen hat, wahrnehmen. Er bekommt also deren Gefühle, ihre Freude, Dankbarkeit, aber auch ihre Trauer und ihren Schmerz sehr wohl mit.

Nun kann man sich leicht vorstellen, dass es für den Menschen, nachdem er durch die Pforte des Todes gegangen ist, sehr bedrückend sein kann, wenn er diese tiefe Trauer seiner Hinterbliebenen verspürt. Sie kann ihm sogar die ersten Phasen seines nachtodlichen Lebens gewaltig erschweren. Besonders hinderlich für seine weitere Entwicklung kann es sein, wenn er den Wunsch wahrnehmen kann, dass man ihn am liebsten wieder auf der Erde zurückhaben möchte. Den Toten ist es eine große Erleichterung, wenn sie wahrnehmen können, dass die Trauernden sich in ihr Schicksal fügen und sich zu der Einsicht erheben können:

»Die waltende Weisheit hat ihn uns in der rechten Stunde nehmen wollen, weil sie ihn auf anderen Gebieten des Daseins braucht, als hier das Erdendasein ist.«[6]

Es ist verständlich, dass wir unsere lieben Toten beweinen, aber über dieses Weinen müssen wir hinauskommen. Und wenn wir sie beweinen, dann sollten wir es in dem freudigen Bewusstsein tun, dass sie *leben*, ja sogar *realer* leben als wir! Wenn uns ein lieber Mensch wegstirbt, so sollten wir das lebendige Empfinden in uns rege machen, dass er uns lediglich vorangegangen ist, dass er lediglich eine andere Daseinsform angenommen hat. Der Verstorbene steht unserem Fühlen so gegenüber, wie ein Mensch, der in ein fernes Land gezogen ist, in das wir ihm erst später folgen können. Wenn wir uns diese Tatsache wirklich klarmachen, so kann das ein großer Trost sein. Das Einzige, was wir zu ertragen haben, ist eine gewisse Zeit, in der wir durch unseren Bewusstseinszustand von ihm getrennt sind.[7]

Wir könnten dem Sphärenmenschen, der ja immer in unserer Nähe ist, nun durchaus etwa erzählen, wie es uns geht, wie wir uns fühlen. Freilich dürfen wir ihm sagen oder zeigen, dass wir traurig sind und ihn vermissen. Diese Praxis kann auch den Hinterbliebenen helfen, ihre Trauer zu verarbeiten. Wie aber bereits erwähnt sollte man dem Toten nicht das Gefühl spiegeln, dass man ihn am liebsten wieder zurückhaben möchten.

3.4 Das Einstimmen auf einen Verstorbenen

Jeder Erdenmensch kann über das bisher Geschilderte hinaus, das ja insbesondere die ersten Tage nach dem Tod betrifft, ungeheuer viel für seine lieben Verstorbenen leisten; er kann sie auf vielfältige Art unterstützen. Dabei spielt es keine Rolle, ob diese erst vor kurzem oder schon vor Jahrzehnten durch die Pforte des Todes geschritten sind. Bevor wir erörtern wollen, was wir als Hinterbliebene für die, die uns vorangegangen sind, tun können, müssen wir uns noch einmal über eine grundlegende Tatsache Klarheit verschaffen.

Wie wir bereits gesagt haben, ist es ja nicht etwa so, dass die sogenannten Toten in einer Welt weilen, die fernab der Erdenwelt liegt. Vielmehr durchziehen und durchdringen sich die übersinnlichen Welten, in die sie nach ihrem Tod aufgenommen worden sind, mit unserer physischen Welt. Somit ist es absolut richtig zu sagen, dass die Toten immer um uns herum sind. Insbesondere werden sie sich häufig in der Nähe ihrer noch auf der Erde lebenden engen Angehörigen und guten Freunde bewegen. Selbstverständlich werden sich die weitaus meisten Menschen der Anwesenheit ihrer Dahingeschiedenen nicht bewusst. Nur ein hellsichtiger Mensch kann ihre Präsenz wahrnehmen. Allerdings kann eine gewisse Hell*fühligkeit* schon ausreichend sein, um die Anwesenheit eines Toten zu erspüren. Auch wenn man ihn nicht wahrnehmen kann, kann man erfühlen, dass er da ist. Wir alle haben eine ständige Verbindung zu den Sphärenmenschen aus unserem Lebensumfeld. Je konkreter diese Verbindung, diese Beziehung zu Menschen im gemeinsamen Erdenleben war, desto konkreter ist sie jetzt, nachdem sie gestorben sind. Selbst wenn wir uns nur hin und wieder an sie erinnern würden, wenn wir nur von Zeit zu Zeit an sie denken würden, würde diese Verbindung nicht abreißen!

»Die auf dem physischen Plan gebliebenen Menschen haben fortwährend eine Verbindung mit den Menschen, die abgeschieden sind und in der übersinnlichen Welt sind, wenn sie nur irgendwie die Gedanken an sie richten, und auch in den Momenten, wo sie die Gedanken nicht an sie richten, wenn sie nur irgend einmal die Gedanken an sie richten, bleibt die Beziehung bestehen. Bei der gegenwärtigen Menschheitsorganisation kann der auf dem physischen Plan Lebende in sein Wachbewusstsein nicht hereinbringen sein Wissen von diesen Banden. Daraus aber, dass man etwas nicht weiß, darf man nicht schließen, dass das Betreffende nicht da wäre. Das wäre ein sehr oberflächlicher Schluss. Sonst würden diejenigen, die jetzt hier in diesem Raum sitzen und Nürnberg nicht sehen, leicht beweisen können, dass es Nürnberg nicht gibt. Wir müssen uns also klar sein, dass zwar durch die Organisation des gegenwärtigen Menschen der Mensch nichts weiß von der Verbindung mit den Toten, dass diese aber vorhanden ist.«[8]

Wenn ein Mensch gestorben ist, der einem besonders lieb und vertraut war, so kann man durchaus bei nahezu allem, was man tut, die Vorstellung in sich rege machen, dass er bei einem ist. Das ist er ja tatsächlich auch sehr häufig.

»Alles in unserer heutigen Zeit hängt davon ab, dass die Menschenseelen die Möglichkeit finden, gewissermaßen den Weg zu den Toten hinzugehen. Dann kommen ihnen die Toten entgegen. Man muss sich in einer gemeinschaftlichen Sphäre finden.«[9]

Wenn wir einem lieben Verstorbenen gewisse Wohltaten erweisen wollen, wie das im Folgenden und insbesondere in Abschnitt 3.7 (☞ S. 105ff.) erläutert werden soll, reicht diese bloße und ganz selbstverständliche Verbindung nicht unbedingt aus. Vielmehr müssen wir unser Bewusstsein, unsere ganze Aufmerksamkeit auf ihn richten, damit er uns leichter finden und unsere Gefühle und Gedanken besser wahrnehmen kann. Wenn wir ihm beispielsweise etwas mitteilen wollen, wenn wir also eine gewisse *Gemeinschaft* mit dem Toten wünschen, so ist es zunächst einmal sehr wichtig, *was* und *wie* wir ihm etwas sagen.

Wenn wir mit einem Sphärenmenschen ›reden‹ möchten, so ist es im Grunde völlig unerheblich, *wann* oder *wo* wir das machen. Es macht dabei keinen Unterschied, ob wir laut, leise oder nur innerlich, gedanklich zu ihm sprechen. Freilich spielen Menschensprachen in den übersinnlichen Welten eigentlich keine Rolle mehr. Dennoch wird ein Toter die Sprache oder Sprachen, die er im Erdenleben gesprochen hat, noch viele Jahre verstehen. Solange er im Kamaloka weilt, stellt die Sprache kein unüberwindbares Hindernis dar.[10] Dennoch ist es wichtig, dass wir alles, was wir verbal an einen Toten richten wollen, mit den entsprechenden Gedanken und Gefühlen durchpulsen sowie mit möglichst konkret vorgestellten ›inneren Bildern‹ verknüpfen. Bei dem, was wir sagen, muss es sich nicht unbedingt um große spirituelle Weisheiten handeln. Freilich macht es keinen Sinn, über materielle Dinge mit ihm zu sprechen, die nur im Erdensein eine Bedeutung haben. Würden wir ihm beispielsweise sagen, dass unser Fernseher kaputt ist oder dass wir uns ein neues Auto gekauft haben, so wäre das für ihn ein Nichts. Solche Dinge spielen in seiner Welt nicht die geringste Rolle. Um eine konkrete Gemeinschaft mit dem Verstorbenen haben zu können, dürfen wir ihm keine abstrakten, materiellen Gedanken schicken.

Damit er uns wirklich finden kann, damit er unsere Gedanken empfangen kann, ist es wichtig, dass wir uns *vorher* ein wenig auf ihn einstimmen. Dazu können wir uns sein Antlitz, seine Mimik sowie für ihn charakteristische Gesten oder seinen Gang visualisieren. Wir können in uns sein Lachen, den Klang seiner Stimme und für ihn typische Formulierungen rege machen. Wir können uns Erlebnisse, die wir mit ihm hatten, oder Gespräche, die wir mit ihm geführt haben, in Erinnerung rufen. Das sollten wir uns alles so konkret und lebendig wie möglich im Bilde vorstellen.

»Wenn wir also abstrakte, verblasste Gedanken an einen Toten richten, kann er mit uns nicht Gemeinschaft haben; wohl aber, wenn wir uns recht innerlich konkret vorstellen, wie wir mit ihm da oder dort zusammengestanden haben, wie wir

mit ihm gesprochen haben, wie er das oder jenes durch sein eigenes Sprechen von uns gewollt hat. Der Gedankeninhalt, der blasse Gedankeninhalt wird nicht viel fruchten, wohl aber, wenn wir eine feine Empfindung entwickeln für den Klang seiner Sprache, für die besondere Art von Emotion oder Temperament, mit dem er sich mit uns unterhalten hat, wenn wir das lebendig warme Zusammensein mit seinen Wünschen fühlen, kurz, wenn wir uns dieses Konkrete vorstellen, aber so, dass unsere Vorstellungen Bilder sind: wenn wir uns selber sehen, wie wir mit ihm zusammengestanden oder zusammengesessen haben, wie wir die Welt mit ihm erlebt haben. Leicht konnte man glauben, dass über den Tod hinüber gerade die blassen Gedanken spielen. Das ist nicht der Fall. Die anschaulichen Bilder spielen über den Tod hinüber. Und in Bildern des Sinnenscheins, in Bildern, die wir nur dadurch haben, dass wir Augen und Ohren, eine Tastempfindung und so weiter haben, in solchen Bildern bewegt sich das, was der Tote wahrnehmen kann.«[11]

Wenn man etwas Übung hat, so können manchmal schon wenige Minuten durchaus hinreichend sein, um sich auf den Verstorbenen einzustimmen. Man muss im Übrigen keineswegs befürchten, dass wir dadurch den Toten zu etwas zwingen würden.

»Wenn das Zusammenleben mit den Toten gepflegt wird, muss immer daran gedacht werden, dass der Tote nur dann wahrnehmen werde, was wir in unseren Seelen für ihn hegen, wenn er den Zusammenhang mit uns will. Und irgendeine Macht auszuüben über den Toten, das liegt gerade dem Geistesforscher vollständig ferne. Der Geistesforscher weiß ganz gut, dass der Tote in einer Sphäre lebt, in der andere Willensverhältnisse sind als die in der physischen Welt. Unheil wäre die Folge, wenn ein Erdenmensch in ungehöriger Weise in das Leben der Toten eindringen würde.«[12]

3.5 Totengedenktage

I n der katholischen Kirche kennt man die sogenannten »Seelenmessen«, die Angehörige für ihre Verstorbenen lesen lassen können. Meistens macht man das an besonderen Jahrestagen, etwa dem Geburts- oder Todestag. Dagegen soll hier nichts eingewendet werden. Allerdings ist die Praxis, für solche Messen ein – wenngleich geringes – Entgelt zahlen zu müssen, etwas fragwürdig, da sie doch stark an gewisse längst für überwunden gehaltene Ablasspraktiken erinnert. Es könnte somit der Eindruck entstehen, dass sich das

›Seelenheil‹ des Verstorbenen *erkaufen* ließe. Es wäre zu begrüßen, wenn die Verstorbenen – wie es in der »*Menschenweihehandlung*«, dem Gottesdienst der Christengemeinschaft, geschieht – bei jeder Feier des Messopfers ausdrücklich und bewusst zum Mitvollzug des Gottesdienstes ›eingeladen‹ würden.

Dann gibt es in der Tradition der christlichen Kirchen noch die speziellen Bräuche an den besonderen »Totengedenktagen« wie »Totensonntag«, »Allerheiligen« und »Allerseelen«, die für die Verstorbenen sehr wohltuend sein können. Die Erinnerungen an die Verstorbenen, die wir an diesen Gedenktagen in unserer Seele aufleben lassen, haben für sie eine große Bedeutung.

»Von demjenigen, was tieferes unterbewusstes ›Bewusstsein‹ ist, werden diese Dinge gewusst, und das Leben wurde auch immer danach eingerichtet. Darum wurde Wert darauf gelegt von den menschlichen Gemeinschaften, dass Allerseelentage, Totentage und dergleichen gefeiert werden.«[13]

Wenn wir an einem dieser Tage die Gräber unserer lieben Verstorbenen aufsuchen, so sollten wir das nicht gedankenlos oder nur, weil es eben Brauch ist, tun. Vielmehr sollten wir mit ganzer Seele und aus tiefstem Herzen des jeweiligen Sphärenmenschen gedenken, indem wir uns auf ihn in der Weise einstimmen, wie wir das bereits beschrieben haben (☛ 3.4., S. 93ff.). Selbstverständlich sollten wir auch ein Gebet oder einen der vielen Sprüche, die wir Rudolf Steiner verdanken, sprechen.

Man könnte beispielsweise den folgenden Spruch wählen:

> Unsere Liebe sei den Hüllen,
> die Dich jetzt umgeben –
> kühlend alle Wärme,
> wärmend alle Kälte –
> opfernd einverwoben!
> Lebe liebgetragen,
> Licht beschenkt nach oben![14]

Wenn man diesen Spruch zitiert, kommt es sehr darauf an, dass man bei den Worten »Wärme« und »Kälte« die richtigen Empfindungen hat. Damit sind natürlich nicht physische Wärme und Kälte gemeint, die ein Mensch, der durch die Pforte des Todes geschritten ist, auch gar nicht mehr verspüren könnte. Das, was hiermit gemeint ist, könnte man am ehesten mit »Gefühlswärme« und »Gefühlskälte« bezeichnen. Der Verstorbene hat im Kamaloka noch das Verlangen, mit physischen Organen wahrnehmen zu wollen. Diese Organe hat er aber mit seinem physischen Leib abgelegt. Die starken »Hitzeempfindungen«, die er jetzt zeitweise hat, sind die Folge davon, dass er diese Wahrnehmungen nicht mehr haben kann, dass er sie entbehren muss. Auch sein Wille verlangt noch danach, sich physischer Organe und Werkzeuge zu bedienen, wie er es im Erdenleben gewohnt war. Die Unmöglichkeit, sich nun dieser Organe und Werkzeuge bedienen zu können, führt zu einer weiteren großen Entbehrung, die einem seelischen Kältegefühl gleichkommt.[15]

Am Ende des Gräberganges könnte man folgenden Spruch zitieren, mit dem man sich noch einmal an *alle* Verstorbene, derer man gedenken möchte, wendet:

> Es empfangen Angeloi, Archangeloi, Archai
> im Ätherweben
> das Schicksalsnetz des Menschen.
>
> Es verwesen in Exusiai, Dynamis, Kyriotetes
> im Astralempfinden des Kosmos
> die gerechten Folgen des Erdenlebens des Menschen.
>
> Es auferstehen in Thronen, Cherubim, Seraphim
> als deren Tatenwesen
> die gerechten Ausgestaltungen des Erdenlebens des Menschen.[16]

Mit diesem Spruch wendet man sich insbesondere an Menschen, die schon vor langer Zeit die Pforte des Todes durchschritten haben und bereits über das Kamalokaleben hinausgekommen sind. Er bezieht ausdrücklich alle geistigen Wesen der neun Engelreiche (☛ Anhang, Tabelle 3, S. 127ff.) mit ein, die hier explizit mit ihren griechischen bzw. hebräischen Namen angesprochen werden. Mit diesen erhabenen Wesen kommen die Sphärenmenschen nun immer mehr zusammen. Dieser Spruch eignet sich insbesondere, wenn man sich an *viele* Tote wenden möchte, etwa an *alle* Verstorbenen aus seiner Familie oder seinem Lebensumfeld, unabhängig davon, in welcher Region oder Sphäre diese sich gerade befinden.

Dass diese Form des Gedenkens für die Toten zum Labsal werden kann, wird deutlich, wenn wir die folgende Aussage Rudolf Steiners berücksichtigen, die er aufgrund seiner Geistesschau geben konnte:

»Wenn man auf einen Friedhof geht, am Totensonntag oder am Allerseelentag, und dort viele Menschen sieht, die in dieser Zeit erfüllt sind von dem Bilde ihrer teuren Toten, und man blickt dann hinauf in die Seelen derer, an die da erinnert wird, dann sind das die Dome, die Kunstwerke für diese Toten. Dann durchleuchtet das, was ihnen da von der Erde hinaufstrahlt, für diese Toten die Welt wie ein herrlicher Dom, der uns Geheimnisse kündet, uns die Welt durchleuchtet, oder wie ein Bild, das uns lieb und wert ist, einen lieben Menschen vergegenwärtigt.«[17]

Dieses Gedenken unserer lieben Toten einschließlich des Sprechens von Gebeten und des Zitierens der Sprüche können wir selbstverständlich auch immer wieder einmal im Familienkreis oder allein daheim pflegen. Die Toten sind ja überall, immer um uns herum, so dass wir sie von *jedem* Ort aus erreichen können. Es ist für unsere Verstorbenen von eminenter Bedeutung, dass wir des Öfteren ganz gezielt und bewusst Kontakt zu ihnen aufnehmen. Es wäre für sie fatal, wenn sie erkennen müssten, dass sie uns gleichgültig wären oder dass wir nicht ganz real mit ihrer Existenz rechneten.

Insbesondere in der ersten Zeit nach dem Tod könnte man dem Toten, dessen man gedenken möchte, etwa einfach *erzählen*, wie es einem geht, wie man sich fühlt, usw. Diese Vorgehensweise kann aber nur dann empfohlen werden, wenn man schon weitgehend über die tiefe Trauer des Verlustes hinweggekommen ist. Ansonsten könnte das für den Toten sehr belastend sein. Sofern man den Toten wirklich von Herzen geliebt hat, so könnte es sehr förderlich sein, wenn man ihm das des Öfteren ganz deutlich sagt. Wenn man zu dem Toten ein eher angespanntes Verhältnis hatte, so kann man ihm jetzt vielleicht darzulegen versuchen, warum man keine bessere Beziehung finden konnte. In jedem Fall sollte man sich bei den Seelen, die nun in einer anderen Welt weilen, aufrichtig bedanken, dass man mit ihnen sein Leben teilen durfte. Ein solcher Dank gebührt auch denjenigen, mit denen man so seine Probleme hatte. Diese Probleme hatten ganz gewiss ihre gute Berechtigung und Bedeutung. Vielleicht ist man gerade durch diese Schwierigkeiten ein wenig gereift und in seiner geistig-seelischen Entwicklung vorangeschritten.

Überhaupt sollten wir viel häufiger ein mehr allgemeines Dankbarkeitsgefühl in uns rege machen. Die Welt verdient unseren Dank für so viele Geschenke, die sie uns jeden Tag, an dem sie unser Leben mit neuen Erfahrungen und Eindrücken bereichert, beschert. Wenn wir es nicht zu einer solchen allgemeinen Empfindung des Dankes bringen können, so finden die Toten nicht die gemeinsame ›Luft‹ mit uns.[18]

Oftmals sind Hinterbliebene todtraurig und verzweifelt, weil sie noch in der Schuld des Verstorbenen stehen oder zu stehen glauben. Nicht selten wird man sich erst dann dessen bewusst, was man einem Mitmenschen an Kummer zugefügt oder an Unterstützung unterlassen hat, wenn dieser durch die Pforte des Todes geschritten ist. In einem solchen Fall kann es von Bedeutung sein, dem Dahingeschiedenen seine Motive für das lieblose Verhalten darzulegen und aufrichtig um Verzeihung zu bitten. Insbesondere kann man aber auch einem Verstorbenen noch etwas verzeihen, sofern dieser sich einem gegenüber schuldhaft verhalten haben sollte. Auch ein postmortales Verzeihen dürfte noch sehr positive Auswirkungen haben, wenngleich es die karmischen Konsequenzen des schuldhaften Verhaltens wohl nur mildern kann.

3.6 Verbindung mit den Verstorbenen während des Schlafes

E s wurde ja schon ausführlich erläutert, dass die sogenannten Toten selbst lange Zeit, nachdem sie durch die Pforte des Todes geschritten sind, noch ungleich mehr von dem mitbekommen, was sich auf der Erde abspielt und was in den Seelen ihrer Hinterbliebenen vorgeht, als viele – selbst durchaus religiös oder spirituell gesinnte Zeitgenossen – annehmen. Insbesondere haben sie noch eine sehr deutliche Wahrnehmung der Gefühle und Gedanken, die in den Seelen der Menschen leben, die sich noch im Erdendasein befinden. Wenn also ein Erdenmensch über eine grüne Wiese spazieren geht oder des Nachts den Sternenhimmel betrachtet, so kann der Verstorbene etwa die Freude oder das Staunen, das dieser Mensch dabei erlebt, voll miterleben. Er könnte aber beispielsweise die üblichen naturwissenschaftlichen Vorstellungen, die sich der verkörperte Mensch dabei zu Bewusstsein bringt, nicht wahrnehmen. Der Tote hat überhaupt keine Wahrnehmung mehr für irdische Gedanken, die sich *nur* auf rein Sinnliches und Alltägliches beziehen.

Er kann nur dann an dem Leben seiner lieben Angehörigen noch teilhaben, wenn diese es zumindest hin und wieder zu spirituellen Gedanken und Vorstellungen bringen können. Wenn wir während des Tages über geistige Welten, Wesen und Begebenheiten nachdenken, so ist dies für die Toten von größter Bedeutung. Diese spirituellen Gedanken und Vorstellungen, die in den Seelen der Erdenmenschen leben, können von den Toten wahrgenommen werden; daran können sie ganz intensiv teilhaben. Gedanken über materielle Dinge sind für sie nicht wahrnehmbar. Es liegt also ganz wesentlich an uns, inwieweit wir unsere lieben Dahingeschiedenen – und natürlich auch alle anderen Verstorbenen – noch an unserem Leben teilnehmen lassen möchten. Man muss sich immer wieder vergegenwärtigen, dass das bewusste Zusammensein der Verstorbenen mit den auf der Erde zurückgebliebenen Menschen ungleich inniger und intensiver sein kann, als das im Erdendasein jemals möglich sein konnte.

Die Verstorbenen brauchen zwischen dem Tod und der neuen Geburt auch noch eine ›Nahrung‹, natürlich eine geistig-seelische Nahrung. Die schlafenden Menschen stellen in gewisser Weise das ›Saatfeld‹ für die Toten dar. Diese eilen gleichsam zu den Seelen der schlafenden Menschen hin, mit denen sie im Erdenleben verbunden waren, und suchen in ihnen nach den Gedanken, Ideen und Vorstellungen. Wie wir schon wissen, können die entkörperten Seelen materielle Gedanken, Ideen und Vorstellungen nicht wahrnehmen. Wenn die Lebenden es also tagsüber und insbesondere kurz vor dem Einschlafen nur zu solchen bringen könnten, müssten die Verstorbenen regelrecht ›verhungern‹. Rudolf Steiner sagte dazu:

> »Oh, es hat etwas Erschütterndes, wenn man den hellsichtigen Blick richtet auf hingestorbene Menschen, die allnächtlich zu den schlafenden Zurückgebliebenen kommen – wir müssen da sowohl die Freunde als auch besonders die Blutsverwandten in Betracht ziehen – und wollen sich gleichsam laben, nähren an den Gedanken und Ideen, die diese mit in den Schlaf genommen haben – und finden nichts, was für sie nahrhaft ist. [...] Wenn wir den ganzen Tag über uns nur beschäftigen mit den materiellen Ideen des Lebens, wenn wir die Blicke nur richten auf dasjenige, was in der physischen Welt vor sich geht und dort verrichtet werden kann, und wenn wir nicht einmal vor dem Einschlafen einen Gedanken haben an die geistigen Welten [...], so bieten wir keine Nahrung für die Toten.«[19]

Wenn wir nachts einschlafen, so beginnen die Gedanken, Ideen und Vorstellungen, die wir tagsüber in unserem Bewusstsein hatten, zu leben; sie werden gewissermaßen ›lebendige Wesen‹.[20]

Wenn die Toten, die nun an unsere Seelen herantreten, spirituelle Gedanken und Ideen, die wir mit in den Schlaf hineingenommen haben, finden können, so werden diese für sie regelrecht zur Nahrung, zu einer Kraftquelle, zum Lebenselixier. Insbesondere für die Seelen derjenigen Verstorbenen, die sich zu Lebzeiten nicht mit spirituellen Themen befasst haben, können diese zu einem großen Labsal werden. Auch auf diese Art können sie noch geistige Erkenntnisse erwerben, die sie sich im Erdendasein anzueignen versäumt haben.

Man muss sicherlich nicht Tag für Tag Gedanken über große geisteswissenschaftliche Erkenntnisse wälzen. Darum geht es gar nicht so sehr. Wir sollten uns aber beispielsweise immer wieder einmal klarmachen, dass wir aus einer geistigen Sphäre stammen, dass wir einen geistig-seelischen Wesenskern in uns tragen, der unsterblich ist. Wir sollten des Öfteren ein Gefühl der Ewigkeit, der Ungeborenheit und der Unsterblichkeit, in uns rege machen. Auch unseren Schutzengel, der immer in unserer Nähe ist, sollten wir viel öfter in unser Bewusstsein heben. Wir sollten auch ein wenig lernen, zwischen den ›Zeilen des Lebens‹ zu ›lesen‹. Was könnte uns Tag für Tag alles geschehen, wenn wir irgendetwas geringfügig anders gemacht hätten, als wir es dann letztlich tatsächlich gemacht haben. Wenn uns also beispielsweise ein gewisses Gefühl oder ein merkwürdiger Impuls veranlasst, von einer geplanten Handlung Abstand zu nehmen oder sie zeitlich zu verschieben, so sollten wir uns bewusst machen, dass uns dadurch möglicherweise etwas Schlimmes erspart bleiben konnte. Dadurch können wir den Toten, die in dieser Sphäre der möglichen Ereignisse weben, besonders nahe sein. Vielleicht war es sogar ein uns nahestehender Verstorbener, der uns diesen Impuls gegeben hat. Dadurch gewinnen wir im Laufe der Zeit aber auch ein ganz konkretes Gespür dafür, wie das Karma wirkt und waltet.

In den Augenblicken kurz vor dem Einschlafen und kurz nach dem Aufwachen sind uns unsere lieben Verstorbenen so nah wie sonst nur ganz selten. Gerade in diesen Momenten sollten wir uns ihnen in Liebe und Dankbarkeit zuwenden. Für die Verstorbenen ist es von größter Bedeutung, wenn insbesondere die Menschen, mit denen sie ein gemeinsames Erdenleben verbringen durften, darüber hinaus spirituelle Gedanken und Vorstellungen mit in den Schlaf hinübertragen. Nun muss man aber wohl zugeben, dass es nicht immer leicht fällt, sich vor dem Einschlafen mit spirituellen Gedanken und Empfindungen zu durchdringen, selbst wenn man sich das ernsthaft vorgenommen haben sollte. Zu sehr fordern noch die vielen kleinen und großen Probleme und alltäglichen Sorgen, die uns den Tag über beschäftigt haben, ihr Recht. Es bedarf schon einer gehörigen Willenskraft, diesen Gedanken nicht die Oberhand zu überlassen.

Während des Schlafes befinden wir uns in den übersinnlichen Welten, also in den Sphären, in denen die Verstorbenen und die geistigen Wesen der höheren Hierarchien weben und wesen. Der Schlaf vereinigt uns mit ihnen. In diesen Welten haben wir mannigfaltige Erlebnisse und Erfahrungen, die zu Lebzeiten die Bewusstseinsschwelle nicht überschreiten. Erst nach unserem Tod werden uns diese Erlebnisse bewusst, während wir noch einmal unser ganzes Erdendasein durchleben. Das Wissen und Bewusstmachen dieser Tatsachen kann uns schon in die richtige Stimmung versetzen, die für die Toten ein guter Nährboden sein kann. Die Toten ziehen ihre Nahrung aus den Vorstellungen, den Empfindungen und Gefühlen, welche die verkörperten Menschen in den Schlaf hinübertragen. Wenn die Erdenmenschen erfüllt von geistigen Vorstellungen in den Schlaf gehen, können die Toten daraus für lange Zeit Lebenskraft ziehen.

»Für die Toten ist es wichtig, dass diejenigen, mit denen sie auf Erden in Verbindung gestanden haben, allabendlich in die Welt des Schlafes hinein mitnehmen Gedanken an die spirituelle Welt. Je mehr wir Gedanken an die spirituelle Welt hineinnehmen in den Schlaf, desto Besseres leisten wir für diejenigen, die uns hier im Leben persönlich bekannt waren oder mit uns in irgendwelchen Beziehungen gestanden haben und vor uns hinweggestorben sind.«[21]

Rudolf Steiner wies auf die »Heiligkeit« des Schlafes hin und empfahl, folgende Gedanken vor dem Einschlafen in sich rege zu machen:

»Ich schlafe ein. Bis zum Aufwachen wird meine Seele in der geistigen Welt sein. Da wird sie der führenden Wesensmacht meines Erdenlebens begegnen, die in der geistigen Welt vorhanden ist, die mein Haupt umschwebt, da wird sie dem Genius [Schutzengel] begegnen. Und wenn ich aufwachen werde, werde ich die Begegnung mit dem Genius gehabt haben. Die Flügel meines Genius werden herangeschlagen haben an meine Seele.«[22]

In den 1960er-Jahren gab es einen Schlager mit dem Titel »*Ohne Krimi geht die Mimi nie ins Bett*«. In der Tat pflegen auch oder gerade heute viele Zeitgenossen vor dem Zubettgehen ein Buch zu lesen oder einen Film zu schauen, der sie aufwühlt. Diese Gedanken und Gefühle, die man dann mit in den Schlaf nimmt, sind gewiss nicht geeignet, dass uns die Toten finden.

»Dagegen Gedanken, Vorstellungen, welche hervorgehen aus dem Erfühlen eines besonderen Interesses, das uns vereinigt hat im Leben mit dem Toten, diese Gedanken sind geeignet, zum Toten hinüberzugehen. Erinnern wir uns an den Toten so, dass wir nicht bloß mit abstrakten Gedanken, mit kalten Vorstellungen an ihn denken, sondern einen Moment in unsere Seele rufen, wo wir an seiner Seite warm geworden sind, wo uns das, was er sagte, nicht nur Mitteilung war, sondern etwas Liebes war, erinnern wir uns eben derjenigen Momente, die wir mit dem Toten verbracht haben in einer Gefühlsgemeinschaft, in einer Gemeinschaft auch der Willensimpulse, erinnern wir uns solcher Momente, wo wir mit dem Toten zusammen dies oder jenes unternommen, beschlossen haben, was uns beiden wert ist, was uns beide geführt hat zu einer gemeinsamen Handlung, kurz, an irgend etwas, was die Herzen zusammenklingen ließ, machen wir dieses Zusammenklingen der Herzen lebendig, dann färbt das den Gedanken an den Toten so, dass der Gedanke zu ihm hinüberströmt im Momente des nächsten Einschlafens. Ob man diesen Gedanken um neun Uhr, um zwölf Uhr, um zwei Uhr hat, der ganze Tag kann uns irgendwelche Zeit geben, um diesen Gedanken zu haben, er bleibt und geht im Momente des Einschlafens zum Toten. Im Momente des Aufwachens können wir von dem Toten wieder Antwort, Mitteilung, Botschaften bekommen. Das braucht nicht gerade im Moment des Aufwachens, wenn man nicht darauf achten kann, an unsere Seele heranzutreten, sondern es kann im Laufe des Tages irgendwie aus unserer Seele heraufkommen in Form irgendeines Einfalles [...].«[23]

Mit etwas gutem Willen und ein wenig Übung kann es durchaus gelingen, solche Empfindungen und Gedanken während des Tages oder insbesondere vor dem Einschlafen rege zu machen. Auch das Sprechen eines Gebetes oder eines Meditationsspruches kann hier förderlich sein.

Es gibt im Übrigen noch eine besondere Geisteshaltung bzw. ein besonderes Lebensgefühl, das wir in uns wachrufen können und das uns ganz grundsätzlich und besonders tief mit den Verstorbenen auch während unseres wachen Tageslebens verbindet. Man könnte es als »erwartungsvoll leben« bezeichnen. Diese Gesinnung weisen wir auf, wenn wir verinnerlicht haben, dass jeder Tag uns Neues, noch nie Dagewesenes, noch nie Erlebtes bringen, dass wir jeden Tag etwas völlig Neues wahrnehmen und lernen können. Auf diese Weise leben wir in einer ›Sphäre‹, die uns mit den Verstorbenen verbindet, die in den höheren Welten permanent neue und völlig ungewohnte Erfahrungen und Erlebnisse haben.

»Wer so innerlich das Gefühl hat, nie ausgelernt zu haben, und dem Leben mit Erwartungen entgegensieht, der findet auch den Zugang zu den Verstorbenen, und diese zu ihm. Denn beide verbindet dann ein lebendiges Gefühl für das Unbekannte, Niegesehene, ein Wissen um Geheimnisse, die noch nicht enträtselt sind.«[24]

3.7 Den Toten vorlesen

Wir wollen in diesem Abschnitt auf etwas außerordentlich Fruchtbares, was wir für unsere lieben Verstorbenen leisten können, zu sprechen kommen. In *allen* okkulten Lehren wird mit großem Nachdruck darauf hingewiesen, dass es zu den Aufgaben eines Menschen gehöre, sich *während* seines Erdenlebens geistige Erkenntnisse zu erwerben, um nach dem Tod die höheren Welten in rechtmäßiger Weise durchlaufen und um ein Verständnis für alles, was er dann wahrnehmen und erfahren kann, gewinnen zu können. Einem Verstorbenen, der es versäumt hat, sich ein solches Wissen anzueignen, wird zumindest in den ersten Jahren nach dem Tod eine Orientierungslosigkeit drohen. Er wird nicht so recht wissen, wo er ist und um was es dort geht. Er benötigt jetzt dringend Kenntnisse, die ihm dabei helfen, sich zurechtfinden und die mannigfaltigen, völlig neuartigen und ungewohnten Wahrnehmungen und Erfahrungen richtig einordnen zu können.

Rudolf Steiner sagte immer wieder in aller Deutlichkeit, dass es für einen Verstorbenen unmöglich oder zumindest äußerst schwierig sei, ein geistiges Wissen, das er im Erdenleben verschmäht habe, in den übersinnlichen Welten nachzuholen. Auch die anderen Verstorbenen, die sich in ihrem Erdendasein ein solches Wissen angeeignet haben, können jetzt nur einen sehr geringen Einfluss auf ihn ausüben, indem sie ihn etwa über geistige Erkenntnisse unterrichten.

Einen ungleich größeren Einfluss als andere entkörperte Seelen können aber die noch Lebenden, die Zurückgebliebenen auf einen Verstorbenen ausüben. Menschen, die noch auf der Erde weilen, haben aus ihrer eigenen Willkür heraus die Möglichkeit, Veränderungen bei den Verstorbenen, mit denen sie zu gemeinsamen Lebzeiten ein gewisses Verhältnis angeknüpft hatten, eintreten zu lassen.[25] Die Lebenden können die Toten insbesondere in gewisser Weise über geistige Erkenntnisse ›unterrichten‹!

Das kann in der Weise geschehen, dass man den Toten etwas aus geisteswissenschaftlichen Büchern – oder aber auch aus dem Neuen Testament – *vorliest*.

»Sie wissen ja alle, dass derjenige, der fest drinnensteht im Erfassen der geisteswissenschaftlichen Impulse, versuchen kann, mit denjenigen in Verbindung zu bleiben, die hingegangen sind durch die Pforte des Todes. Und an den Gedanken der Geisteswissenschaft, an den Ideen, die wir uns bilden über die Vorgänge in den geistigen Welten, haben wir solche Gedanken, die uns Erdenmenschen verständlich sind, die aber auch den toten Seelen verständlich sind. Und daraus er-

gibt sich dasjenige, was wir nennen: Vorlesen den Toten. Wenn wir gerade über Materien der Geisteswissenschaft im Gedanken an die Toten vorlesen, dann ist das ein wirkliches Gemeinschaftsleben mit den Toten. Denn die Geisteswissenschaft spricht eine Sprache, die den lebenden und den toten Seelen gemeinschaftlich ist. Aber es handelt sich darum, immer mehr und mehr gerade mit dem Gefühlsleben, mit dem durchleuchteten Gefühlsleben an diese Dinge heranzukommen.«[26]

Welchen Text man sich vorzulesen entschließt, mag gar nicht einmal so wichtig sein. Natürlich ist es am besten, wenn man einen der zahllosen Vorträge Rudolf Steiners, in denen es beispielsweise um das nachtodliche Leben des Menschen geht, auswählt. Auch ein Vortrag, in dem er über die geistigen Wesen der höheren Hierarchien, mit denen der Mensch ja nach seinem Tod in vielfältiger Weise zusammenkommt, schildert, oder das Grundlagenwerk »*Theosophie*« (GA 9) kann sehr förderlich sein. Die am Ende dieses Buches empfohlenen Werke (☛ S. 141f.) mögen durchaus ebenfalls eine geeignete Quelle sein. Natürlich kann man auch seinen Schutzengel oder den Schutzengel des Verstorbenen, dem man vorlesen möchte, bitten, bei der Auswahl des Textes behilflich zu sein. Wenn es gelingt, sich auf diese Bitte einzustimmen, wird man schon die richtige Wahl treffen.

Dieses Vorlesen könnte im Rahmen einer kleinen ›Andacht‹, die man für den Verstorbenen feiert, geschehen.

Es ist zunächst einmal wichtig, dass man sich durch eine gezielte Vorbereitung in die rechte Gemütsstimmung zu bringen versucht, bevor man sich an den Verstorbenen wendet. Man sollte einen Zeitpunkt wählen, der einem wirklich gestattet, sich ohne Zeitdruck und mit Muße auf den Verstorbenen einzustimmen. So sollte man sich einen Raum suchen, in dem man eine Zeit lang wirklich ungestört sein kann. Bevor man mit der Andachts*feier* beginnt, sollte man den Verstorbenen dadurch *einladen*, dass man sich ganz auf ihn konzentriert, dass man sich ganz auf ihn einlässt. Was man tun kann, wie man sich richtig auf den Toten einstimmen kann, damit er einen leicht finden kann, haben wir bereits in Abschnitt 3.4 erläutert (☛ S. 93ff.). Im Rahmen dieses Einstimmens auf den Sphärenmenschen sollte man es dazu bringen, mit Gedanken der Liebe und Dankbarkeit zu ihm aufzuschauen. Wenn man es nicht zu einem innigen Gefühl der Dankbarkeit dafür bringt, dass man mit dem lieben Verstorbenen einige Zeit lang zusammen sein, dass man mit ihm ein gemeinsames Schicksal haben durfte, wird der Tote einen nicht so leicht finden. Man muss ganz selbstlos an das denken, was der Verstorbene vor seinem Tod für einen bedeutet hat, und nicht an das, was man durch seinen Verlust empfindet.

»Gute Gedanken sind wie Balsam für die Toten. Nicht egoistische Liebe soll man ihnen senden, nicht trauern, dass man die Toten selbst nicht mehr hat; das stört den Toten und ist für ihn wie Bleigewicht. Die Liebe, die bleibt, die nicht Anspruch macht darauf, den Toten noch hier haben zu wollen, die nützt dem Toten und vermehrt seine Seligkeit.«[27]

Wenn der Tote ein schwieriger Mensch war, mit dem man so seine Probleme hatte, sollte man sich dennoch bemühen, sich in seine liebenswerten Vorzüge hineinzuversetzen, die zweifelsohne jeder Mensch hat. Es ist durchaus auch möglich, dass man mehrere Verstorbene, die einem teuer waren, zu dieser Andacht einlädt. Sofern man eines Menschen gedenken möchte, der erst vor wenigen Tagen oder Wochen verstorben ist, so ist aber zu empfehlen, dass man sich dann *nur diesem* zuwendet. Wenn die Toten die liebenden Gedanken, die die Hinterbliebenen im wachen Tagesbewusstsein zu ihnen hinaufsenden, wahrnehmen, so sind ihnen diese genauso teuer wie etwa einem lieben Menschen, der in der Ferne lebt, ein Foto von uns, das wir ihm schicken, lieb und teuer ist. Das, was an solchen Gedanken und Gefühlen hinaufstrahlt, durchleuchtet ihre Welt.

Nachdem man sich in der skizzierten Weise auf den Verstorbenen eingestimmt hat und bevor man mit dem Vorlesen beginnt, könnte man noch ein Vaterunser und einen Gebetsspruch sprechen.

Besonders passend ist der folgende Spruch:

> Geist Deiner Seele, wirkender Wächter,
> Deine Schwingen mögen bringen
> unserer Seelen bittende Liebe
> Deiner Hut vertrautem Sphärenmenschen,
> dass mit deiner Macht geeint,
> unsere Bitte helfend strahle
> der Seele, die sie liebend sucht.[28]

Möchte man sich *gezielt* an *einen* Verstorbenen wenden, so ist die obige Fassung zu wählen. Da man aber davon ausgehen kann, dass meistens mehrere Verstorbene zugegen sind, kann man *grundsätzlich* die folgende wählen, die mehrere Sphärenmenschen einbezieht.

Geister Eurer Seelen, wirkende Wächter,
Eure Schwingen mögen bringen
unserer Seelen bittende Liebe
Eurer Hut vertrauten Sphärenmenschen,
dass, mit Eurer Macht geeint,
unsere Bitte helfend strahle
den Seelen, die sie liebend sucht.

Diesen Spruch kann man übrigens nicht nur für Verstorbene, sondern auch für Lebende zitieren. Somit kann er auch etwa für Menschen gesprochen werden, die man in ihren letzten Lebenstagen und -wochen begleiten darf oder für solche, die sich gerade aus anderem Grund in einer Krise befinden. Spricht man ihn für einen *lebenden* Menschen, muss in der vierten Zeile das Wort »*Sphären*menschen« durch das Wort »*Erden*menschen« ausgetauscht werden.

Um den Wortlaut zu verstehen, muss man sich noch einmal bewusst machen, dass jedem Erdenmenschen ein Engelwesen zugeteilt ist. Dieser Mensch ist seinem Engel anvertraut worden, in dessen Obhut er sich zeit seines Erdenlebens befindet. Auch nachdem der Mensch durch die Pforte des Todes geschritten ist und sich mehr und mehr in die Planetensphären auszudehnen beginnt, also zum »Sphärenmenschen« wird, bleibt es die Aufgabe seines Engels, ihn zu führen und zu leiten. Der Engel wird seinen ihm anvertrauten Menschen nie verlieren.

Mit diesem Spruch wendet man sich also an diesen führenden Engel, den »wirkenden Wächter« des Sphärenmenschen und ersucht ihn, die Liebe und die Bitten für den Verstorbenen gewissermaßen zu ihm hinaufzutragen. Auch der eigene Engel kann dabei behilflich sein. Es kann hilfreich sein, wenn man sich den Engel vorher ganz konkret vorzustellen versucht. Auf die Frage, wie man sich eigentlich einen Engel vorzustellen habe, antwortete Rudolf Steiner einmal ganz lapidar:

»Tun Sie es einfach! Er wird es schon korrigieren, wenn es fehlerhaft ist.«[29]

Der obige Spruch eignet sich auch insbesondere, um bestimmte Fürbitten, Gebete, Gedanken oder dergleichen, die man dem Verstorbenen senden möchte, einzuleiten.

Wenn man sich ganz gezielt *an einen bestimmten* Verstorbenen wenden möchte, so kann auch der folgende Spruch empfohlen werden:

Ich versenke mich in die tiefsten Seelenkräfte in mir,
Da lebe ich fühlend in dem Ewigen meiner Seele.
Wie der Punkt ohne Ausdehnung in dem Kreise,
So ist die ewige Seele ohne leibliches Wesen in mir.
Mit diesem leiblosen ewigen Wesen gedenke ich
helfend im Geiste <u>N.N.</u> *.
Die Kraft, du selbst zu sein, erstarke in dir.
Das Licht, das in deinem eigenen Inneren leuchtet,
belebe sich in dir.
Die Seelenwärme, die aus deinem eigenen Geiste strahlt,
durchwärme dich.[30]

* Hier wird der Name des Sphären- oder Erdenmenschen genannt, dem man mit diesem Spruch helfen möchte. Auch dieser Spruch eignet sich also, um noch lebenden Menschen Hilfe zuteil werden zu lassen.

Nach der Vorbereitung und dem Zitieren eines der beiden Sprüche, wofür meistens schon wenige Minuten ausreichend sind, kann mit dem Vorlesen begonnen werden. Ob man nun laut, leise oder still liest, ist völlig unerheblich. Wichtig ist, dass man nicht gedankenlos liest, sondern dass man alle Sätze selbst durchdenkt und vielleicht noch mit entsprechenden Gefühlen durchpulst. Man kann sich ruhig vorstellen, der Tote sitze einem dabei gegenüber.

»Wenn Sie hier einem sogenannten Lebenden vorlesen, so wissen Sie, der versteht in dem Sinne, wie man vom menschlichen Verständnisse spricht, dasjenige, was Sie ihm vorlesen. Der Tote lebt darinnen, der Tote lebt in jedem Wort, das Sie ihm vorlesen, der Tote dringt ein in dasjenige, was durch Ihr eigenes Gemüt zieht. Der Tote lebt mit Ihnen, er lebt intensiver mit Ihnen, als er jemals in dem Leben zwischen der Geburt und dem Tode hat leben können. [...] Tritt der Mensch wirklich bewusst in jenes Reich, das wir mit den Toten gemeinschaftlich bewohnen, dann ist der Verkehr mit den Toten so: Wenn Sie dem Toten zum Beispiel vorlesen oder vorsprechen, so hören Sie von ihm wie von einem Geisterecho das, was Sie selber vorlesen.«[31]

Einer solchen ›Sitzung‹ werden sich auch viele andere Tote, die man möglicherweise gar nicht einmal kennt, anschließen und das Gehörte, das ihnen zu einem Lebenselixier werden kann, dankbar und geradezu begierig aufsaugen.

Genau wie viele Lebende neigen auch viele Verstorbene dazu, sich an andere Menschen zu ›klammern‹. Wenn jemand sehr sensitiv ist, kann er es regelrecht spüren, wenn ein Toter nicht loslassen kann und einen zu häufigen Kontakt haben möchte. Das kann sehr belastend sein. Daher ist es, nachdem man die Andacht beendet hat, sehr empfehlenswert, wenn man sich mit dem Verstorbenen wieder ›verabredet‹, indem man ihm etwa sagt, morgen um die gleiche Zeit oder nächsten Samstag um 19 Uhr werde ich mich dir wieder mit ganzer Kraft und Liebe zuwenden. Auch mit einem Toten kann man solche Vereinbarungen treffen, obwohl in seiner Welt nicht die irdischen Zeitverhältnisse gelten.

Einige Menschen, die regelmäßig in der hier skizzierten Weise ihrer lieben Verstorbenen gedenken und ihnen vorlesen, berichten, dass sie die Anwesenheit der gestorbenen Menschen fast körperlich spüren könnten. Es sei so, wie wenn sie ihnen wirklich gegenübersäßen. Wenn man dieses Gefühl nicht gewinnen sollte, so ist das aber keineswegs als Indiz dafür zu werten, dass man die Toten nicht erreicht hätte. Die Praxis einer solchen Andacht kann man durchaus sehr lange beibehalten, mindestens so lange, wie sich der Verstorbene noch im Kamaloka aufhält, was ja nach irdischen Zeitmaßstäben etwa einem Drittel seiner Lebenszeit entspricht.

Auch in diesem Fall sollte man nicht etwa glauben, dass man den Toten durch eine solche Andachtsfeier zur Teilnahme *zwingt*. Wenn er dieser Zuwendung nicht bedarf – was im Allgemeinen aber eher unwahrscheinlich ist –, wird er einfach nicht teilnehmen.

Es gibt ja zahlreiche Menschen, die in ihrem Oberbewusstsein eine starke Abneigung gegen alle spirituellen Themen und Bestrebungen haben. Viele von ihnen machen keinen Hehl daraus, indem sie alles Geistige als Unfug und spirituell interessierte Zeitgenossen als Spinner bezeichnen. Rudolf Steiner sagte mehrmals, dass es sich häufig so verhalte, dass dasjenige, was sich als starke Abneigung im Oberbewusstsein zeige, eine starke Neigung im Unterbewusstsein sei.[32] Diese Menschen haben also in ihren Seelentiefen eine starke Sehnsucht nach spirituellen Erkenntnissen. Ihr Ich weiß von diesem Wunsche nichts. Nach dem Tod tritt ihnen nun aber nicht nur das vor ihr Seelenauge, was ihnen im Erdenleben bewusst geworden ist, sondern auch alles, was sie mit ihrem Tagesbewusstsein niemals beleuchten konnten. Nun wird ihnen also ihre große Sehnsucht, die sie nach spirituellen Erkenntnissen hatten, voll bewusst und brandaktuell. Diese Sehnsucht können sie nicht so ohne weiteres stillen. Die

Unmöglichkeit, diese Sehnsucht zu stillen, kann sehr qualvoll werden. Jetzt kann es für sie zu einem großen Labsal werden, wenn sie sich einer Sitzung anschließen können, in der den Toten von einem Lebenden aus geisteswissenschaftlichen Büchern in der geschilderten Weise vorgelesen wird. Man sollte also *nicht* etwa denken: »Dieser oder jener Tote hat sich im Erdenleben nie für spirituelle, geschweige denn anthroposophische Themen interessiert. Folglich wird ihn das jetzt auch nicht interessieren.« Das Vorlesen kann selbstverständlich auch für solche Dahingeschiedene fruchtbar sein, die sich im Erdenleben schon intensiv mit spirituellen Themen befasst haben. Viele Menschen, die sich der Anthroposophie verpflichtet fühlen, treffen sich regelmäßig zu Lesekreisen, in denen Vorträge von Rudolf Steiner gelesen und in einem anschließenden Gespräch bewegt werden. Hier ist es absolut üblich, dass sie vorher ihre verstorbenen Freunde dazu explizit einladen.

Zu dem hier skizzierten Vorlesen gibt es noch eine Alternative. So könnte man einem oder mehreren Verstorbenen auch von eigenen Erkenntnissen, die man sich selbst – im Idealfall durch das Studium der anthroposophischen Literatur – angeeignet hat, *erzählen*. Man könnte ihnen also gewissermaßen einen Vortrag halten.

> »Man kann ihm auch seine eigenen Gedanken, die man in sich aufgenommen hat, zutragen; immer sich das Bild des Toten recht lebhaft vorstellend. Wir dürfen nicht geizen mit dieser Sache; dadurch überbrücken wir den Abgrund, der uns von unseren Toten trennt. Nicht nur in den extremsten Fällen, sondern in jedem Fall können wir den Toten Gutes tun. Das ist ein tröstliches Gefühl, das den Schmerz lindern kann über das Ableben eines Menschen, den man liebt.«[33]

Das Vortragen als Alternative zum Vorlesen mag den Nachteil haben, dass es vielleicht nicht immer gelingt, alles objektiv und ganz korrekt darzustellen. Dafür hat es den großen Vorteil, dass man, wenn man etwas mit eigenen Worten vermittelt, zwangsläufig das Thema mehr durchdenken muss, wodurch der Verstorbene es besser verstehen kann. Dieses Erzählen bzw. Vortragen kann man natürlich auch wieder daheim im ›stillen Kämmerlein‹ machen. Man könnte es allerdings auch während eines Spazierganges in einer Umgebung, die wenig Ablenkung bietet, etwa in einem Wald, einem Park oder auf einem Friedhof durchführen.

Wie wichtig dieses Vorlesen oder Vortragen für die Sphärenmenschen ist, kann man schon daraus ableiten, dass Rudolf Steiner in sehr vielen Vorträgen darüber sprach.

3.8 Begleitung Verstorbener in *speziellen* Fällen

A lle bisher geschilderten Möglichkeiten, einem Sphärenmenschen wertvolle Unterstützung angedeihen zu lassen, können als allgemeingültig betrachtet werden. Sie können allen Toten zur Wohltat werden.

Es gibt allerdings auch Verstorbene, die darüber hinaus – etwa wegen der Art und Weise, wie sie ihr Erdenleben gestaltet haben, wie sie dieses verlassen haben oder aufgrund einer speziellen Situation – noch weiterer Hilfen bedürfen.

3.8.1 Hilfe für erdgebundene Seelen

In Kapitel 1 wurde gesagt, dass es in unserem heutigen materialistischen Zeitalter vielen Verstorbenen nicht gelingt, sich in die höheren Welten einzuleben. Sie wollen mit der Welt, in der sie jetzt sind, nichts zu tun haben. Am liebsten würden sie sich wieder mit ihrem Leichnam verbinden. Dieses schlimme Schicksal droht *insbesondere* solchen Seelen, die sich in ihrem Erdenleben niemals mit spirituellen Themen befasst haben und die somit auch ein Leben nach dem Tod für einen Unsinn hielten, an den sie keinen Gedanken verschwendeten.

Natürlich wäre es eine Anmaßung, wenn wir das Urteil fällen würden: »Dieser Tote war ein krasser Materialist. Er wird jetzt eine erdgebundene Seele sein und zerstörerisch auf die Erdensphäre wirken.« Dennoch darf als sicher angenommen werden, dass sich ein solcher Verstorbener, der in seinem irdischen Dasein alle geistigen Gedanken von sich gewiesen hat, in der ersten Zeit nach seinem Schwellenübertritt schwertun wird, in der Seelenwelt zurechtzukommen. Er wird vieles von dem, was nun auf ihn einströmt, nicht verstehen können. Er kann nicht realisieren, dass er jetzt auf einer ganz anderen Daseinsstufe, die er zu Lebzeiten niemals für möglich gehalten hat, angekommen ist. Das kann zu einer gewaltigen Verunsicherung bis hin zu quälenden Angstzuständen führen.

Diesen Verstorbenen können die Hinterbliebenen durch besonders häufige liebevolle Hinwendung in Gedanken und Gebeten und durch Vorlesen geisteswissenschaftlicher Bücher zur Erlösung aus diesem Zustand verhelfen.

Es gibt jedoch auch Seelen, die keineswegs eine materialistische Gesinnung hatten und sich trotzdem aus unterschiedlichen Gründen in den höheren Welten nicht so recht eingewöhnen können. Hier ist zunächst an Drogensüchtige und

Selbstmörder zu denken. Auch Menschen, die sich völlig falsche oder zu naive Vorstellungen über das nachtodliche Leben gebildet haben, werden möglicherweise geraume Zeit benötigen, bis ihre falschen Vorstellungen durch die Wirklichkeit, die sie jetzt erleben, korrigiert worden sind. Dann gibt es etliche Menschen, die in den letzten Tagen und Wochen vor ihrem Tod starke bewusstseinsdämpfende Medikamente eingenommen oder über lange Zeit – mehr schlafend als wachend – ans Bett gefesselt waren.

Die Geistesseherin Dr. *Iris Paxino* weist darauf hin, dass es in einem solchen Fall ungeheuer wichtig sei, dass die Hinterbliebenen dem Verstorbenen unmittelbar nach seinem Tod ›sagen‹, dass er die physische Welt verlassen hat. Dies kann in einem inneren Zwiegespräch erfolgen, etwa mit den Worten:

»Du bist jetzt gestorben. Du kannst von deinem Leib loslassen und dich frei fühlen, ohne Schmerzen und ohne körperliche Einschränkung. Schau dich um und du wirst andere, geistige Gestalten wahrnehmen... «[34]

3.8.2 Hilfe für Selbstmörder

Ein Suizid stellt die dramatischste Ausprägung eines gewaltsamen Todes dar. Das, was ein Mensch nach seinem Tod in der Seelenwelt durchzumachen hat, der sich selbst das Leben genommen hat, gehört zu den schlimmsten und härtesten Schicksalen, die eine Seele in den höheren Welten ertragen muss. Man muss hier allerdings diejenigen Menschen weitgehend ausnehmen, die diese Tat nicht in voller Bewusstheit und nicht aus eigenem Willen begangen haben, weil sie etwa an einer schweren psychischen Krankheit litten oder weil sie mit Gewalt zum Selbstmord gezwungen wurden.

Bei einem Menschen, der selbst Hand an sich gelegt hat, der im Grunde sowohl Täter als auch Opfer ist, stellt sich die Loslösung des Astralleibes, der nicht darauf vorbereitet ist, außerhalb des physischen Leibes zu leben, sehr dramatisch dar. Das Gleiche gilt wohl auch für Menschen, die durch »aktive Sterbehilfe« durch die Pforte des Todes gegangen sind, sofern es ihr eigener, freier Entschluss war, auf diese Art zu sterben.

Der Astralleib reißt sich unter Schmerzen von der physischen Organisation los. Das Gefühl der Leere und des brennenden Durstes kann bei einem, der sich selbst das Leben genommen hat, besonders schrecklich sein. Ein solcher Mensch hat auf abruptem, künstlichem Weg seinen physischen Leib verlassen. In der Seele verbleiben noch alle Gefühle, die mit dem Leib zusammenhängen, in unveränderter Weise. Eine solche Seele wird im Kamaloka das Gefühl, wie ausgehöhlt zu sein, noch viel drastischer und qualvoller erleben. Wenn ein psychisch unauffälliger Mensch Hand an sich legt, so hat er dafür ja Gründe, die er für hinreichend hält, um eine solche Tat zu begehen. In vielen Fällen begeht er die Tat, weil er gewisse Wünsche, Triebe oder Begierden nicht befriedigen konnte. Diese unbefriedigten Wünsche, Triebe und Begierden bereiten der Seele nun noch zusätzliche Qualen.[35]

Jeder Selbstmord ist immer ein erschütterndes Missverständnis. Schließlich kann man sein Selbst, sein Ich, nicht umbringen. Das, was man töten kann, ist lediglich der physische Leib. Genau nach diesem Leib hat ein Selbstmörder nach dem Tod eine unsägliche Gier, die ihn in der Nähe der physischen Welt festhält. Er *kann* zu einer erdgebundenen Seele werden. Der auf diese Weise Verstorbene wird sich lange Zeit schwer tun, zu einem angemessenen Ich-Bewusstsein zu finden und sich alle nötigen Kräfte und Weisheiten, welche die geistigen Wesen der höheren Hierarchien ihm darbieten wollen, zu empfangen.

Das, was Rudolf Steiner aus seiner Geistesschau heraus über das Schicksal eines Selbstmörders sagte, klingt äußerst hart. Man darf aber wohl annehmen, dass in einem solchen Fall etwas differenziert werden darf. Es dürfte zunächst einmal nachvollziehbar sein, dass jemand, der sich das Leben genommen hat, in der ersten Zeit nach dem Tod und in der gesamten Kamalokazeit aus den geschilderten Gründen unsagbar Leid- und Qualvolles durchzumachen hat. Bei einem Menschen, der in seinem Leben vor dieser schrecklichen Tat sehr viele positive Akzente gesetzt haben sollte, der sich etwa sehr um das Wohl seiner Mitmenschen gekümmert hat, ist aber durchaus anzunehmen, dass er doch irgendwann zu einem rechtmäßigen Leben finden und sich die notwendigen Kräfte, Impulse und Weisheiten aneignen kann. Schließlich geht im Kosmos nichts verloren, so dass auch seine guten Taten wieder in segensreicher Weise auf ihn zurückwirken dürften.

Menschen, die sich selbst getötet haben, verdienen unser größtes und aufrichtigstes Mitgefühl und unseren Beistand. Es gehörte zu den größten Verirrungen der katholischen Kirche, dass sie diesen noch bis weit ins letzte Jahrhundert hinein nicht einmal ein kirchliches Begräbnis gewährte.

Ein Mensch, der Suizid begangen hat, bedarf besonders häufig der liebevollen Zuwendung seiner Hinterbliebenen. Neben Gebeten sind hier zwei Sprüche zu empfehlen, die Rudolf Steiner speziell für die Begleitung von Selbstmördern gab.

> Dein Wille war schwach
> Stärke Deinen Willen
> Ich schicke Dir
> Wärme für Deine Kälte
> Ich schicke Dir
> Licht für Deine Finsternis
> Meine Liebe Dir
> Mein Gedanke Dir
> Werde weiter.[36]

> Seele im Seelenlande
> suche des Christus Gnade,
> die dir die Hilfe bringet,
> die Hilfe aus Geisterlanden,
> die auch jenen Geistern Friede
> verleiht, die im friedelosen
> Erleben verzweifeln wollen.[36]

3.8.3 Den Verstorbenen die Sorgen abnehmen

Es kann auch noch gänzlich andere Gründe dafür geben, dass sich ein Verstorbener nach seinem Übergang nicht von der Erdenwelt lösen kann. Es ist nämlich durchaus möglich, dass er sich noch nicht so recht auf sein neues Dasein einlassen kann, weil ihn noch gewisse Sorgen ans Erdenleben ketten.

So könnte es etwa sein, dass er sich große Sorgen um seine hinterbliebenen Familienmitglieder macht. Möglicherweise musste er unmündige Kinder oder einen kranken oder behinderten Ehepartner zurücklassen. Die Sorgen um seine Lieben, wie es mit ihnen weitergeht, wer sich um sie kümmert, kann ihm seine jetzige Daseinsstufe verfinstern.

»Es braucht nicht einmal immer daran gedacht zu werden, dass solche Seelen durch ganz unedle Motive, obwohl das meist der Fall ist, an die Erde gebunden bleiben; es können auch Sorgen sein, welche für das empfunden werden, was man auf der Erde zurückgelassen hat. Solche Sorgen für zurückgelassene Freunde, Verwandte, Kinder, können auch in gewisser Weise wie eine Art Schwere wirken und die Seele in der Erdensphäre zurückhalten.«[37]

Diese Sorgen können und sollten die Hinterbliebenen, die dem Verstorbenen nahestehen, ihm in den Fällen, in denen es möglich ist, abnehmen, um ihn so von diesen zu befreien.

»Und es ist gut, gerade auch auf diesen Punkt das Augenmerk zu lenken, aus dem Grunde nämlich, weil wir, wenn wir diesen Punkt berücksichtigen, auch dadurch den Toten in einer gewissen Weise helfen können. Wenn wir wissen, dass zum Beispiel ein Hingestorbener diese oder jene Sorge für Lebende empfinden kann – und man kann ja in dieser Beziehung gar manches wissen –, so ist es gut für die weitere Entwickelung des Toten, diese Sorge ihm abzunehmen. Man erleichtert das Leben eines Toten in der Tat dadurch, dass man ihm zum Beispiel abnimmt die Sorge um ein Kind, das er unversorgt zurückgelassen hat. Wenn man also etwas tut für das Kind, so nimmt man in der Tat dem Toten eine Sorge ab, und es ist dies gerade ein rechter Liebesdienst. Denn stellen wir uns nur einmal die Situation vor. Solch ein Toter hat ja nicht die Mittel an der Hand, seinen Sorgen auch tatsächlich abzuhelfen; er kann oftmals nicht das tun, was die Lage irgendeines zurückgelassenen Kindes, Verwandten, Freundes, erleichtern könnte von seiner Welt aus, und er ist oftmals – das ist ein in vielen Fällen außerordentlich bedrückendes Gefühl für den seherischen Beobachter – verurteilt, diese Sorge so lange zu tragen, bis sich von selbst oder durch Umstände die Lage des Zurückgelassenen bessert. Wenn wir also etwas dazu tun, sie zu bessern, so ist die Folge diese, dass wir dem Toten einen rechten Liebesdienst erwiesen haben.«[38]

Auch solche verstorbenen Menschen, die sich im Leben noch wichtige Aufgaben vorgenommen hatten, die sie aber nicht mehr erfüllen konnten, tun sich häufig schwer, sich in der rechten Weise in den höheren Welten einzuleben. Sie haben die Sorge, dass diese Arbeiten oder Aufgaben unvollendet bleiben könnten.

»Es ist oftmals sogar beobachtet worden, dass irgendeine Persönlichkeit hingestorben ist, die sich das oder jenes für das Leben noch vorgenommen hatte. Sie hing an einem solchen Vorsatz. Wir helfen ihr, wenn wir versuchen, unsererseits das zu tun, was sie gerne getan hätte. Das alles sind Dinge, die eigentlich gar nicht schwierig zu begreifen sind, die aber wirklich einmal ins Auge gefasst werden sollen, weil sie mit der seherischen Beobachtung durchaus übereinstimmen.«[39]

Es ist häufig einem hinterbliebenen Angehörigen oder Freund durchaus möglich, diese Aufgabe, die dem Toten wichtig war und die er nicht mehr zu Ende bringen konnte, zu vollenden. Es sei hier nur ein konkretes Beispiel angeführt, das gar nicht so selten vorkommt. Stellen Sie sich einen Menschen vor, der vielleicht schon viele Jahre vor seinem Tod damit begonnen hatte, ein Buch, das ihm sehr wichtig war, zu schreiben. Er konnte es aber nicht mehr ganz fertig stellen und veröffentlichen. Viele Notizen konnte er nicht mehr in sein Werk aufnehmen. Vielleicht handelte es sich um eine Biografie über einen berühmten Menschen oder um eigene Lebenserinnerungen an diese Persönlichkeit. Nun könnte es für den Dahingestorbenen sehr wohltuend sein, wenn ein Verwandter oder Freund oder auch ein anderer Mensch sich dieser Notizen annehmen und sie in das Buch einbauen würde, so dass es schließlich zu einer Veröffentlichung kommen kann.

Ein Mann erzählt, wie er das Lebenswerk seines verstorbenen Vaters vollendet hat:

Mein Vater, der als Gymnasiallehrer Latein und Französisch unterrichtete, hatte schon immer ein großes Interesse an der Geschichte unserer Familie.

Etwa zehn Jahre vor seiner Pensionierung begann er damit, seine Vorfahren zu erforschen. In diesem Zuge suchte er zahlreiche staatliche und kirchliche Archive in ganz Deutschland auf, um in den dortigen Dokumenten die gewünschten Informationen zu finden. Als er dann pensioniert war, investierte er noch viel mehr Zeit in seine Leidenschaft. Sein Ziel war es, eine Familienchronik zu schreiben, die er dann drucken lassen und an seine Geschwister, Cousins und Cousinen verschenken wollte.

Einige Vorfahrenlinien konnte er mittlerweile lückenlos bis ins späte 16. Jahrhundert zurückverfolgen. Alle Daten sowie Fotos und Dokumente ließ er in die Chronik einfließen. Meine Mutter und ich zeigten nur ein begrenztes Interesse an seiner Arbeit, erkannten sein Engagement aber durchaus an.

Doch dann starb mein Vater recht plötzlich. Sein Lebenswerk blieb unvollendet.

Etwa ein halbes Jahr nach seinem Tod träumte ich des Öfteren von ihm. Diese Träume waren immer sehr ähnlich: Mein Vater saß mir gegenüber oder trat an mich heran, sagte aber nichts. Ich hatte das Gefühl, dass er traurig und bedrückt war. Er schien etwas von mir erbitten zu wollen. Allerdings hatte ich keine Ahnung, um was es sich handeln könnte. Anfangs dachte ich: »Das sind nur Träume! Die haben nichts zu bedeuten.« Doch mit zunehmender Zeit wurden diese Träume intensiver, so dass ich sie nicht so einfach ignorieren konnte.

Dann fand anlässlich des 70. Geburtstages eines Onkels eine Familienfeier statt. Während des Essens fragte dieser mich: »Hat dein Vater eigentlich die Familienchronik zum Abschluss bringen können?«

Nun fiel es mir wie Schuppen von den Augen! Mein Vater konnte sich noch nicht von der Erdensphäre lösen, da er sein Lebenswerk, dem er sich über insgesamt fast zwei Jahrzehnte mit so viel Liebe gewidmet hatte, nicht mehr vollenden konnte. Jetzt hat er den Wunsch, dass ich seine Arbeit fortsetze und abschließe.

Auf der einen Seite war ich froh, dass ich jetzt endlich wusste, was mein Vater von mir erbat. Auf der anderen Seite war ich jedoch ziemlich ratlos, da ich mich mit der Thematik nicht auskannte.

Wenige Tage später hatte ich drei Wochen Urlaub. Ich nahm mir jetzt die Zeit, mich einzuarbeiten. Ich studierte zunächst auf dem Computer meines Vaters die Chronik, soweit sie schon fertig gestellt war. Zu meiner eigenen Überraschung wurden mir Aufbau, Struktur und Gestaltung des Werkes recht bald deutlich. Möglicherweise hat mein Vater mich da ein wenig inspiriert.

Dann wurde ich wie von Geisterhand zu einigen Pappschachteln geführt, die sich in einem Schrankfach befanden. In diesen fand ich noch etliche Fotos und Dokumente, die noch nicht in die Chronik eingeflossen waren. Außerdem befanden sich in den Schachteln noch viele handschriftliche Notizen meines Vaters.

Zu meiner großen Verwunderung fiel es mir recht leicht, alles, was noch fehlte, in die Chronik einzubauen.

Kurz vor Ende meines Urlaubs war das Werk vollendet. Ich ließ zwanzig

Exemplare drucken, die ich dann an interessierte Familienmitglieder verschenkte.

Seitdem schaue ich immer wieder einmal in die Chronik und muss meinen Vater wirklich für seine gewaltige Arbeit bewundern. Dabei habe ich oftmals das Gefühl, dass er sich freut, dass ich nun auch Interesse an seinem Werk habe.

Freilich gibt es ungleich banalere Aufgaben, die der Sphärenmensch nicht mehr erfüllen konnte und die nun ein Hinterbliebener zum Abschluss bringen kann.

Schlussbetrachtung

Im Vorwort wurden ein paar Fragen aufgeworfen, die sich viele Menschen stellen, wenn ein ihnen nahestehender Mensch die Schwelle des Todes überschritten hat. Es wurde gesagt, dass es in diesem Buch im Wesentlichen darum gehe, geistige Erkenntnisse zu erarbeiten, die diese Fragen beantworten können. Auch wenn die Antworten auf diese Fragen aus den Darstellungen dieses Buches abgeleitet werden können, soll das jetzt im Einzelnen kurz zusammengefasst und verifiziert werden.

➤ *Wo wird die Seele des Verstorbenen jetzt sein?*

In Kapitel 1 wurden die übersinnlichen Welten bzw. Sphären, die ein Verstorbener stufenweise durchläuft, ausführlich vorgestellt.

➤ *Was wird der Mensch nach seinem Tod alles erleben und durchzumachen haben?*

Alles, was ein Mensch nach dem Tod in den übersinnlichen Welten erleben und erfahren wird, alles, was er hier – vor allem in den ersten Jahren und Jahrzehnten nach dem Schwellenübertritt – durchmachen muss, wurde insbesondere in Kapitel 1 dargestellt.

➤ *Kann es ihm zum Nachteil gereichen, dass er, als er noch lebte, nicht an ein Leben nach dem Tod geglaubt hat?*

Diese Frage muss man mit einem deutlichen »Ja« beantworten! Alles, was ein Toter in den übersinnlichen Welten wahrnehmen, erleben und erfahren kann, ist überraschend anders, geradezu radikal anders, als alles, was er aus seinem Erdenleben kannte und gewohnt war. Ein Mensch, der zu seinen Lebzeiten nie einen Gedanken an das Leben nach dem Tod verschwendet hat, der nie bemüht war, sich Vorstellungen und Ideen über seine nachtodliche Existenz zu bilden, wird insbesondere in der ersten Zeit nach seinem Schwellenübergang vieles von dem, was er wahrnimmt und was auf ihn zukommt, nicht verstehen können. Diesem Thema haben wir ebenfalls in Kapitel 1 einen breiten Raum gegeben.

Man muss immer wieder betonen, dass es von unermesslicher Wichtigkeit ist, dass sich jeder Erdenmensch – zumindest ein wenig – mit dem Leben nach dem Tod befasst.

Immer noch gibt es viele Zeitgenossen, die zwar an ein Leben nach dem Tod glauben, aber der Meinung sind, es wäre nicht nötig, sich schon zu Lebzeiten damit zu befassen, was sie dann so alles erwarten werde. So sind sie der Auffassung, dass sie schon noch früh genug erfahren würden, wie es dann ›da‹ so sei. Diese Einstellung ist eigentlich recht sonderbar. Wenn ein solcher Mensch vorhätte, eine Reise in ein fernes, exotisches, ihm noch nicht bekanntes Land zu unternehmen oder gar – um ein extremes Beispiel zu wählen – eine Hymalaya-Expedition in Angriff nehmen wollte, so würde er gewiss nicht sagen: »Warum sollte ich mich da vorbereiten. Wenn ich erst einmal da bin, werde ich schon sehen, wie es da so ist.« Vielmehr wird er diese Reise über Monate sehr sorgfältig planen und vorbereiten. Er wird viele Reiseführer lesen, im Internet recherchieren und mit Menschen reden, die dieses Land schon kennen bzw. schon einmal im Hymalayagebirge unterwegs waren, damit er so gut wie möglich weiß, was ihn da erwartet, mit welchen Bedingungen, Verhältnissen und Möglichkeiten er rechnen muss, usw. Auf die größte Reise, die jeder von uns eines Tages *definitiv* antreten wird, schickt uns der Tod. Sollten wir uns auf diese große und lange Reise nicht besonders gut vorbereiten?

Man kann in die übersinnlichen Welten nichts hereintragen, was nicht bereits im Erdenleben angeknüpft wurde. Rudolf Steiner wurde nie müde, auf die Notwendigkeit hinzuweisen, dass die Menschen sich schon in ihrem Erdendasein gewisse Erkenntnisse sowie weitgehend richtige Vorstellungen und Begriffe für die übersinnlichen Welten erwerben müssen.

»Die Sinne, die wir für das Geistige ausgebildet haben, hängen von dem Leben auf dieser Erde ab. Hier reifen wir aus für das Jenseits, hier bereiten wir uns die geistigen Augen und Ohren für das Jenseits.«[1]

Wenn wir es verschmähen, solche Vorstellungen und Begriffe aufzunehmen, wird uns vieles von dem, was sich in den höheren Welten abspielt, unverständlich bleiben müssen. Auch zu den Wesen der höheren Hierarchien könnten wir uns dann nicht in das rechte Verhältnis setzen, das erforderlich ist, um von ihnen die notwendigen Kräfte und Impulse für unsere nächste Inkarnation empfangen zu können.[2] Die geistigen Welten würden uns weitgehend verhüllt bleiben. Nun sollte man nicht sagen: »Was ich (nach dem Tod) nicht weiß, macht mich nicht heiß.« Zum einen kann ein schwaches Bewusstsein nach dem Tod zu grausamen Angstzuständen führen, und zum anderen können wir dann nicht in der rechtmäßigen Weise unser nächstes Erdenleben vorbereiten.

Das Leben jeder menschlichen Individualität umschließt nicht nur alle Erdenleben, sondern auch die jeweiligen Aufenthalte in den höheren Welten, die zwischen zwei irdischen Leben verlaufen. Somit ist auch jedes Erdenleben nicht nur eine Vorbereitung für das nächste irdische Leben, sondern in erster Linie auch eine Vorbereitung für das folgende Leben in den übersinnlichen Welten. In jedem Leben kann man nur an das anknüpfen, was man im Leben zuvor veranlagt hat.

Nun zeigt sich das bereits angedeutete Problem: Ein hinreichendes Verständnis für die Wesenheiten und Geschehnisse der geistigen Welten kann man im Leben nach dem Tod eigentlich nur dann gewinnen, wenn man sich zu seinen Lebzeiten schon darum bemüht hat. Einem Menschen, der in seinem Erdenleben ein krasser Materialist war, der also geistige Welten und Wesen sowie ein Leben nach dem Tod für einen Unsinn gehalten hat, werden die höheren Welten – zumindest in der ersten Zeit – weitgehend finster und stumm bleiben. Es wird dann nicht etwa so sein, dass er sich seiner Existenz nicht bewusst wäre, aber er kann vieles, was dort geschieht, nicht wahrnehmen und das wenige, was er wahrnimmt, nicht verstehen und einordnen. Diese gewaltige Verunsicherung kann quälende Ängste nach sich ziehen. Auch ein Mensch, der zwar von einem Leben nach dem Tod überzeugt ist, diesem aber im Vorhinein keinen gedanklichen Raum gegeben hat, wird vielleicht die Geschehnisse wahrnehmen, aber überhaupt nicht verstehen können. Wenn sich etwa ein Mensch niemals bemüht hat, über die Wesenheiten der höheren Hierarchien, namentlich über seinen persönlichen Engel, zu gewissen Vorstellungen zu kommen, wird er diese göttlichen Wesen nach dem Tod zwar wahrnehmen, aber er wird nicht wissen, um welche Wesenheit es sich handelt, und die große Bedeutung, die sie für ihn haben, nicht erkennen können.

Die weitaus meisten Menschen werden nach dem Tod sowohl wunderschöne und erhabene Erlebnisse als auch leidvolle haben. Wir sollten unsere mögliche Furcht vor dem Tod nicht dadurch besiegen, dass wir das nachtodliche Leben zu beschönigen versuchen. Die Furcht können wir nur dadurch überwinden, dass wir uns so gut wie eben möglich klarzumachen versuchen, was uns nach dem Tod in Abhängigkeit davon, wie wir unser Leben gestaltet haben, ganz folgerichtig und gesetzmäßig erwarten wird. Jemand, der sich zu Lebzeiten nicht um die Erkenntnis spiritueller Wahrheiten bemüht hat, darf natürlich nicht damit rechnen, einen ›Unwissenheits-Bonus‹ zu erhalten. Wenn dieser mit der Begründung, er habe sich nie mit den Kräften der Schwerkraft usw. befasst, von einem Hochhaus springt, darf er wohl auch kaum damit rechnen, den Sturz unbeschadet zu überstehen, weil er die Folgen nicht geahnt hätte. Die geistigen Gesetzmäßigkeiten sind genauso unbestechlich wie die der Physik.

Lassen wir wieder den großen Eingeweihten Rudolf Steiner zu Wort kommen:

»Es gehört geradezu zu den notwendigen Vorbedingungen eines rechten Lebens nach dem Tode, dass die Menschen immer mehr und mehr hier vor dem Tode gewisse Vorstellungen sich erwerben über das Leben nach dem Tode, denn nur, wenn sie sich erinnern an diese Vorstellungen, die sie sich hier erworben haben, können sie sich orientieren in der Zeit zwischen dem Tod und einer neuen Geburt. Es ist sachlich unrichtig, wenn behauptet wird, man könne warten bis zum Tode mit solchen Vorstellungen, denn dieses leibfreie Leben würde für sie ein finsteres werden, ein unorientiertes werden.«[3]

»Wäre der Christus nicht in der physischen Welt erschienen, so würde der Mensch versinken in der physischen Welt, könnte nicht in die geistige Welt eintreten. So aber wird er hinaufgehoben durch den Christus in die geistige Welt, dass er darinnen bewusst wird, darinnen sehen kann. Das hängt davon ab, dass er sich auch zu verbinden weiß mit dem, den der Christus gesandt hat, mit dem Geist; sonst ist er unbewusst. Der Mensch muss sich seine Unsterblichkeit erwerben, denn eine Unsterblichkeit, die unbewusst ist, ist noch keine Unsterblichkeit.«[4]

Ein Mensch, der sich zu seinen Lebzeiten bemüht hat und ernsthaft bestrebt war, die richtigen Begriffe und die richtigen Vorstellungen von dem, was er nach dem Tod erleben kann, zu erwerben, wird sich, wenn er durch die Pforte des Todes gegangen ist, dessen erinnern und kann dann seine Erlebnisse – zumindest weitgehend – richtig einordnen. Es kommt gar nicht einmal so sehr darauf an, dass die Vorstellungen, die man sich im Vorhinein bildet, *völlig* mit den tatsächlichen Verhältnissen übereinstimmen. Die Vorstellungen, die nicht ganz den Tatsachen entsprechen, werden sich nach dem Tod gewissermaßen von selbst korrigieren. Als vergleichendes Beispiel kann man hier vielleicht wieder an eine Reisevorbereitung denken. Wenn ein Mensch sich gründlich und umfassend auf eine Reise vorbereitet, so ist es ihm durchaus möglich, schon vor Reiseantritt recht genaue Vorstellungen über das ferne Land zu gewinnen. Wenn er dann dort angekommen ist, so wird seine sorgfältige Vorbereitung ihm helfen, sich orientieren und einleben zu können. Alles, was er dann wahrnehmen und erleben wird, kann er mit seinen Vorstellungen vergleichen, die er sich vorher gebildet hat. In den meisten Fällen wird er seine Wahrnehmungen und Erlebnisse nun richtig einordnen können, weil sie sich mit diesen Vorstellungen decken. In einigen Fällen wird sich erweisen, dass die eine oder andere Vorstellung nicht ganz mit dem übereinstimmt, was er nun real erfährt. Diese Vorstellungen korrigieren sich nun durch die konkrete Erfahrung aber von selbst.

Es wird im Übrigen nicht nur in der Anthroposophie mit Nachdruck darauf verwiesen, dass man schon zu Lebzeiten zu weitgehend richtigen Begriffen, Vorstellungen und Ideen über die geistigen Welten kommen müsse, um sich nach dem Tod zurechtfinden und gewisse leidvolle Zustände ersparen zu können. Auf diese Notwendigkeit wird in *allen* Quellen, die etwas über das nachtodliche Leben vermitteln, ausdrücklich hingewiesen! Bereits *Platon* war diese Notwendigkeit bekannt:

»*Wer sich der Lust hingibt, der wird auch nur sterbliche Gedanken haben. Wer aber aus Liebe zur Wahrheit bestrebt ist, Unsterbliches und Göttliches zu denken, der wird zur Unsterblichkeit gelangen, und er wird die höchste Glückseligkeit erreichen, weil er das Göttliche in sich gepflegt und in seiner Seele getragen hat.*«

Das Wissen darüber, dass wir nach dem Tod auch Schlimmes erleben können, sollte uns nicht erschrecken oder gar dazu führen, es zu verdrängen. Es sollte uns vielmehr anspornen, unser jetziges Erdenleben in der richtigen Weise einzurichten und uns um die notwendigen Erkenntnisse strebend zu bemühen.

➤ *Hat der Verstorbene noch ein Interesse an der Erdenwelt und den dort zurückgelassenen Menschen?*

Insbesondere im 2., aber auch noch im 3. Kapitel haben wir aufzuzeigen versucht, dass die Verstorbenen nicht nur die Lebenden wahrnehmen können, sondern dass sie noch ein äußerst reges Interesse an der Erdenwelt und insbesondere an den Menschen aus ihrem Lebensumfeld, die sie zurücklassen mussten, haben. Es wurde erläutert, dass die Toten noch sehr vieles bewirken können, was den Erdenmenschen zum Wohle gereichen kann. Sie können ihre Familienmitglieder und Freunde beschützen und auf mannigfache Art inspirieren.

Es gibt viele – namentlich jüngere – Menschen, welche die Meinung vertreten, die Beschäftigung mit dem nachtodlichen Leben mache ihnen Angst und verhindere, dass sie das Leben genießen könnten. Solchen Zeitgenossen sei gesagt: Wir müssen einsehen, dass alle unsere Leben zwischen Geburt und Tod sowie alle unsere Leben zwischen Tod und neuer Geburt erst unsere gesamte ewige Existenz ausmachen. Erst wenn wir das verstehen, können wir den Sinn unseres jetzigen Lebens begreifen oder zumindest erahnen. Darüber hinaus kann es das Leben gewaltig bereichern, wenn man sich stets klar macht, dass alles, was geschieht, nicht nur von den Lebenden, sondern auch von den Toten bewirkt wird.

➣ *Wie können wir als Hinterbliebene ihn auf seinem nachtodlichen Weg unterstützen?*

In Kapitel 3 haben wir gesehen, dass es für einen sogenannten »Toten« eine ganz schreckliche Erfahrung ist, wenn er erkennen muss, dass seine Hinterbliebenen nicht mehr ganz real mit seiner Existenz rechnen und keinerlei Verbindung mehr zu ihm suchen. Er ist schließlich mindestens genauso »lebendig« wie die sogenannten »Lebenden«.

Wir haben gezeigt, dass die Hinterbliebenen ihren lieben Dahingeschiedenen noch sehr viele Wohltaten erweisen können, die ihnen zum Segen gereichen. Diese können mit dazu beitragen, eine Brücke zwischen den Lebenden und den Toten zu bauen, wodurch eine ganz reale Lebensgemeinschaft entstehen kann.

Anhang

		Mineral	Pflanze	Tier	Mensch
Die drei zukünftigen Wesensglieder des Menschen	**Geistesmensch** (umgewandelter physischer Leib)				
	Lebensgeist (umgewandelter Ätherleib)				
	Geistselbst (umgewandelter Astralleib)				
Die vier Wesensglieder des heutigen Menschen	**Ich**				▓
	Astralleib			▓	▓
	Ätherleib		▓	▓	▓
	physischer Leib	▓	▓	▓	▓

Tabelle 1: **Die Wesensglieder des Menschen**

Welt		Region	Sphäre
Geisteswelt (Devachan, Himmel)	obere Geisteswelt	7. Region	Tierkreisregion, Fixsternhimmel
		6. Region	
		5. Region	
	untere Geisteswelt	4. Region	
		Luftregion	Saturnsphäre
		Meeresregion	Jupitersphäre
		Kontinentalregion	Marssphäre
Seelenwelt (Astralwelt)	obere Seelenwelt	Region des Seelenlebens	Sonnensphäre
		Region der tätigen Seelenkraft	Venussphäre *
		Region des Seelenlichtes	Merkursphäre *
	untere Seelenwelt (Kamaloka)	Region von Lust und Unlust	Mondensphäre
		Region der Wünsche	
		Region der fließenden Reizbarkeit	
		Region der Begierdenglut	

Tabelle 2: **Die Regionen in der Seelen- und Geisteswelt sowie die Planetensphären**

* Die Namen »Merkur« und »Venus« sind nach Aussage Rudolf Steiners von den Astronomen vertauscht worden. Der *»okkulte Merkur«* ist die *»astronomische Venus«* und umgekehrt.[1]

Hierar-chie	Reich (Stufe)	christliche Bezeichnung	*alternative* Bezeichnung (*vorwiegend* nach Rudolf Steiner)	Herrschaftsgebiet
1.	1	**Seraphim**	Geister der Liebe	Tierkreis
	2	**Cherubim**	Geister der Harmonien	Tierkreis
	3	**Thronoi** (Throne)	Geister des Willens	Saturnsphäre
2.	4	**Kyriotetes** (Herrschaften)	Geister der Weisheit, Weltenlenker	Jupitersphäre
	5	**Dynamis** (Mächte, Tugenden)	Geister der Bewegung, Weltenkräfte	Marssphäre
	6	**Exusiai** (Gewalten, Obrigkeiten)	Geister der Form, Offenbarer, Elohim (gemäß Genesis)	Sonnensphäre
3.	7	**Archai** (Urbeginne, Fürstentümer)	Geister der Persönlichkeit, Urengel, Urkräfte, Jamim (gemäß Genesis), **Zeitgeister**	Venussphäre
	8	**Archangeloi** (Erzengel)	Engel des Anfangs, Feuergeister, **Volksgeister**	Merkursphäre
	9	**Angeloi** (Engel)	Söhne des Lebens, Genius, Götterboten, **Schutzengel**	Mondensphäre

Tabelle 3: **Die geistigen Wesen der höheren Hierarchien (Engelreiche)**

Wenn man heute über »Engel« spricht, so wird dieser Begriff häufig recht undifferenziert verwandt, so dass der Eindruck entstehen könnte, als wäre er eindeutig, als gäbe es nur *eine* Art von Engeln, als gäbe es nur *ein* Engelreich. Würde man *alle* Engel *einem einzigen* Reich zuordnen, so wäre das eine genauso unzulässige Vermischung, wie wenn man sagen würde: Mineralien, Pflanzen, Tiere und Menschen gehören auf der Erde zu ein und demselben Reich und es gibt keine Notwendigkeit zwischen diesen vier Arten von Wesenheiten zu differenzieren; sie sind im Grunde alle gleich oder zumindest ähnlich und haben gleiche oder ähnliche Fähigkeiten und Aufgaben. Eine solche Behauptung käme vermutlich jedem absurd vor.

Vielmehr muss man nicht weniger als *neun* verschiedene Reiche, Arten, Ordnungen, Kategorien oder Stufen von Engeln unterscheiden. Auch wenn der Vergleich etwas grob sein mag, so kann doch gesagt werden, dass der Unterschied zwischen den Wesen zweier benachbarter Engelreiche ebenso groß ist wie der zwischen Menschen und Tieren oder zwischen Tieren und Pflanzen.

Die Engelwesenheiten lassen sich in Abhängigkeit von ihrem Entwicklungsstand, ihrem Bewusstsein, ihren Fähigkeiten sowie ihren Aufgaben in *drei Hierarchien* unterteilen. Jede der drei Hierarchien wiederum lässt sich in *drei Stufen* oder *Reiche* untergliedern, so dass man insgesamt von neun Reichen sprechen muss. So wie das Reich der Menschen in der physischen Welt noch drei Reiche unter sich hat (Tierreich, Pflanzenreich und Mineralreich) hat es im Geistigen neun Reiche über sich.

Das unterste dieser geistigen Reiche ist das der ›eigentlichen‹ »Engel« oder »Angeloi«. Das Engelreich steht genau so um eine Stufe über dem Menschenreich wie dieses um eine Stufe über dem Tierreich steht. Darüber stehen die »Erzengel« oder »Archangeloi«, dann die »Urbeginne« oder »Archai«, die von Luther als Fürstentümer bezeichnet wurden. Das Reich der Archai steht somit um drei Stufen über dem Reich der Menschen, genau wie das wiederum um drei Stufen über dem Mineralreich steht. Diese drei Reiche ergeben die dritte Hierarchie. Diese ist die unterste.

   Die zweite Hierarchie beginnt von unten mit den »Exusiai« (gemäß Luther Gewalten oder Obrigkeiten). Es folgen die »Dynamis«, die Luther mit Mächte oder Tugenden übersetzte. Auf der höchsten Stufe der zweiten Hierarchie stehen die »Kyriotetes« (gemäß Luther Herrschaften).

Die höchste Engelhierarchie, die erste Hierarchie, beginnt auf der untersten Stufe mit den »*Thronen*«. Dann kommen die »*Cherubim*« und schließlich noch die »*Seraphim*«.

Jedes dieser Engelreiche hat seine ganz konkreten Aufgaben im Rahmen der göttlichen Weltenordnung sowie seine ganz besonderen Fähigkeiten. Alle diese Wesen waren und sind auch stark an dem Entwicklungsprozess der Erde und der Menschheit beteiligt.

Alle diese höchst erhabenen geistigen Wesen der höheren Hierarchien, alle diese Himmelswesen könnte man durchaus auch als »Götter« bezeichnen, um zum Ausdruck zu bringen, dass sie hoch über dem Menschen stehen, dass sie eine viel größere Weisheit und viel größere Fähigkeiten aufweisen als der Mensch sie *heute* hat. Alles, was wir als Wirkungen in der Welt wahrnehmen können, sind Offenbarungen, die letztendlich von geistigen Wesenheiten – insbesondere denen der höheren Hierarchien – ausgehen. In dem Bewusstsein dieser Wesen liegen der Ursprungsquell und die eigentliche Substanz, aus der die Wirklichkeit gewoben ist.

Die göttlich-geistigen Wesen aller Engelreiche sind für uns Menschen von größter Bedeutung. Sie leisten unendlich viel, was uns zum Segen gereichen und unsere Entwicklung fördern kann. Das gilt auch für die Zeit, die wir zwischen Tod und neuer Geburt in den höheren Welten verbringen.

Sehr ausführliche und detaillierte Informationen über das Wesen und die konkreten Aufgaben dieser verschiedenen Engelwesenheiten finden Sie in unserem Buch »*Das Götterprojekt Mensch*« (☞ S. 142).

Der Weltenpilger

Tragt ihr mich einst hinaus, sprecht nicht: »Zur ew'gen Ruh!«
Legt mir zum Pilgerkleid ins Grab zwei Wanderschuh!

Drei Tage halt ich Rast, dann schreit ich meinen Weg,
Hie Gletscher und hie Glut: schmal ist der Geistersteg.

Die Höhenluft ist gut; ich werde bald gesunden.
Mein Schritt steigt erdbefreit durch sieben Sternenrunden.

Ich trug ein Erdgewand; es war nicht fleckenrein.
Im Tau der Mondenflut wird's bald geläutert sein.

Geh ich den Büßerpfad, getreu der Silberspur –
Leiht meinem Pilgerschritt die Flügelschuh Merkur.

Des Weges Müdigkeit weicht frohem Geisterschwung:
Der Venus Gnade strahlt und macht den Pilger jung.

Wie Rosen glutverklärt, wie Lilien kinderrein –
Kehrt durch das Sonnentor die Menschenseele ein.

Der Sonnen-Engel winkt: Empfange Speer und Schild!
Dich ruft zum Weltenkampf das weite Marsgefild!

Willst Du, ein Menschengeist, zu Weltengeist erwachen –
Am Glanz des Jupiter musst du dein Licht entfachen!

Der Tod und Leben eint, Saturn wahrt ew'gen Hort,
Aus Schweigen reift Geburt: »Im Anfang war das Wort.«

Das Weltenwort erklingt aus allen Sternengründen,
Die ew'ge Geistgestalt dem Sterben zu entbinden.

So wächst des Menschen Geist, am Gotteslicht verklärt,
Bis er im Liebesdrang zur Erde wiederkehrt.

Er kennt nicht »ew'ge Ruh«, – ihm ziemt das Pilgerkleid,
Dazu zwei Wanderschuh: zum Schicksalsgang bereit.

Rudolf Meyer[2]

Sprüche für Verstorbene von Rudolf Steiner

Im Folgenden werden noch einmal die Gebets- bzw. Meditationssprüche, die Rudolf Steiner für Verstorbene gegeben hat, aufgelistet, soweit sie in diesem Buch verwendet worden sind. Erläutert wurden sie in Kapitel 3. Dort finden sich auch die Quellenangaben.

Unsre Liebe folge Dir,
Seele, die da lebt im Geist,
die ihr Erdenleben schaut;
schauend sich als Geist erkennt.
Und was Dir im Seelenland
denkend als Dein Selbst erscheint,
nehme unsre Liebe hin,
auf dass wir in Dir uns fühlen,
Du in unsrer Seele findest,
was mit Dir in Treue lebet.

(Zur Erläuterung des Spruches ☛ Kapitel 3, S. 88)

Unsere Liebe sei den Hüllen,
die Dich jetzt umgeben –
kühlend alle Wärme,
wärmend alle Kälte –
opfernd einverwoben!
Lebe liebgetragen,
Licht beschenkt nach oben!

(Zur Erläuterung des Spruches ☛ Kapitel 3, S. 97)

Es empfangen Angeloi, Archangeloi, Archai
im Ätherweben
das Schicksalsnetz des Menschen.

Es verwesen in Exusiai, Dynamis, Kyriotetes
im Astralempfinden des Kosmos
die gerechten Folgen des Erdenlebens des Menschen.

Es auferstehen in Thronen, Cherubim, Seraphim
als deren Tatenwesen
die gerechten Ausgestaltungen des Erdenlebens des Menschen.

(Zur Erläuterung des Spruches ☛ Kapitel 3, S. 98)

Geister Eurer Seelen, wirkende Wächter,
Eure Schwingen mögen bringen
unserer Seelen bittende Liebe
Eurer Hut vertrauten Sphärenmenschen,
dass, mit Eurer Macht geeint,
unsere Bitte helfend strahle
den Seelen, die sie liebend sucht.

(Zur Erläuterung des Spruches ☛ Kapitel 3, S. 107f.)

Ich versenke mich in die tiefsten Seelenkräfte in mir,
Da lebe ich fühlend in dem Ewigen meiner Seele.
Wie der Punkt ohne Ausdehnung in dem Kreise,
So ist die ewige Seele ohne leibliches Wesen in mir.
Mit diesem leiblosen ewigen Wesen gedenke ich
helfend im Geiste N.N.
Die Kraft, du selbst zu sein, erstarke in dir.
Das Licht, das in deinem eigenen Inneren leuchtet,
belebe sich in dir.
Die Seelenwärme, die aus deinem eigenen Geiste strahlt,
durchwärme dich.

(Zur Erläuterung des Spruches ☛ Kapitel 3, S. 109)

Dein Wille war schwach
Stärke Deinen Willen
Ich schicke Dir
Wärme für Deine Kälte
Ich schicke Dir
Licht für Deine Finsternis
Meine Liebe Dir
Mein Gedanke Dir
Werde weiter.

(Zur Erläuterung des Spruches ☛ Kapitel 3, S. 115)

Seele im Seelenlande
suche des Christus Gnade,
die dir die Hilfe bringet,
die Hilfe aus Geisterlanden,
die auch jenen Geistern Friede
verleiht, die im friedelosen
Erleben verzweifeln wollen.

(Zur Erläuterung des Spruches ☛ Kapitel 3, S. 115)

Weitere Sinnsprüche von Rudolf Steiner

Aus Gottessein entstand die Menschenseele,
sie kann in Wesensgründe sterbend tauchen,
sie wird dem Tod dereinst den Geist entbinden.

Rudolf Steiner[3]

Erkennet die geistige Welt!
Denn unter dem vielen,
was dadurch wird für die Menschheit,
ist auch dieses, dass eine Einheit bilden können
die Toten und die Lebendigen.

Rudolf Steiner[4]

Der Tote spricht:

Ich war mit euch vereint,
bleibet in mir vereint.
Wir werden zusammen sprechen
in der Sprache des ewigen Seins.
Wir werden tätig sein
da wo der Taten Ergebnis wirkt.
Wir werden weben im Geiste,
da wo gewoben werden Menschen-Gedanken
im Wort des ew'gen Gedanken.

Rudolf Steiner[5]

Trennen kann keine Schranke,
was im Geist vereint bewahrt,
das licht-erglänzende
und liebestrahlende
Ew'ge Seelenband.
So bin ich in eurem Gedenken,
so seid ihr in meinem.

Rudolf Steiner[6]

Quellennachweis

Kapitel 1 – Die Welt der Toten und das Erleben nach dem Tod

1 GA 88, S. 107
2 GA 140, S. 152
3 GA 238, S. 72
4 GA 154, S. 9f.
5 Paxino, Dr. Iris: *Brücken zwischen Leben und Tod – Begegnungen mit Verstorbenen.* Stuttgart: Freies Geistesleben (2018), S. 37
6 GA 99, S. 38
7 Ritchie, George C.: *Rückkehr von morgen.* Marburg: Francke (1985), S. 39
8 GA 107, S. 94
9 GA 95, S. 24
10 GA 93a, S. 145
11 vgl. GA 239, S. 133
12 GA 108, S. 57
13 GA 9, S. 115f.
14 Matthäus 18, 3
15 GA 243, S. 64
16 GA 94, S. 151
17 vgl. GA 140, S. 306
18 GA 108, S. 57f.
19 vgl. etwa 2. Petrus 3, 13; Matthäus 5, 45; Matthäus 7, 21
20 2. Korinther 12, 2
21 Ritchie, George C.: *Rückkehr von morgen.* Marburg: Francke (1985), S. 36
22 GA 178, S. 176f.
23 vgl. Paxino, Dr. Iris: *Brücken zwischen Leben und Tod – Begegnungen mit Verstorbenen.* Stuttgart: Freies Geistesleben (2018), S. 37
24 vgl. etwa GA 9, S. 111
25 GA 99, S. 74
26 vgl. GA 140, S. 131
27 GA 140, S. 131
28 GA 9, S. 117
29 GA 178, S. 176

Kapitel 2 – Das Hereinwirken der Toten in die Erdenwelt

1 GA 238, S. 71f.
2 GA 238, S. 72
3 GA 168, S. 125
4 GA 343, S. 487
5 GA 174, S. 190

6　GA 141, S. 62

7　GA 168, S. 186

8　GA 174b, S. 270f.

9　GA 168, S. 205

10　GA 168, S. 210f.

11　GA 155, S. 32f.

12　GA 168, S. 194

13　GA 95, S. 50

14　GA 100, S. 66

15　GA 141, S. 162

16　GA 140, S. 215

17　vgl. GA 163, S. 136f.

18　GA 140, S. 219

19　vgl. GA 157a, S. 29

20　GA 254, S. 129f.

21　GA 163, S. 121

22　GA 163, S. 120

Kapitel 3 – Wie wir den Toten helfen und sie unterstützen können

1　vgl. GA 96, S. 219

2　GA 343, S. 491

3　Steiner, Rudolf: *Der Tod – die andere Seite des Lebens* (Sonderausgabe, 1994), S. 45

4　Boogert, Arie: *Wir und unsere Toten*. Stuttgart: Urachhaus (2000), S. 84

5　Boogert, Arie: *Wir und unsere Toten*. Stuttgart: Urachhaus (2000), S. 149

6　Steiner, Rudolf: *Der Tod – die andere Seite des Lebens* (Sonderausgabe, 1994), S. 16

7　vgl. Steiner, Rudolf: *Der Tod – die andere Seite des Lebens* (Sonderausgabe, 1994), S. 15

8　GA 130, S. 185

9　GA 174, S. 190

10　vgl. GA 141, S. 57f.

11　GA 207, S. 159

12　GA 35, S. 196f.

13　GA 157a, S. 81

14　Steiner, Rudolf: *Der Tod – die andere Seite des Lebens* (Sonderausgabe, 1994), S. 37

15　vgl. Steiner, Rudolf: *Der Tod – die andere Seite des Lebens* (Sonderausgabe, 1994), S. 38

16　GA 237, S. 38

17　Steiner, Rudolf: *Der Tod – die andere Seite des Lebens* (Sonderausgabe, 1994), S. 20

18　vgl. GA 181, S. 118

19　GA 140, S. 330

20　vgl. GA 140, S. 330

21　GA 140, S. 292

22　GA 175, S. 68

23　GA 174a, S. 214f.

24　Boogert, Arie: *Wir und unsere Toten*. Stuttgart: Urachhaus (2000), S. 155

25　vgl. GA 141, S. 55ff.

26 GA 179, S. 56

27 GA 95, S. 151

28 vgl. Steiner, Rudolf: *Der Tod – die andere Seite des Lebens* (Sonderausgabe, 1994), S. 42

29 entnommen aus Hausen, Ursula: *Den Tod als Freund erleben lernen – Begleitung im Sterben und darüber hinaus.* Stuttgart: Freies Geistesleben & Urachhaus (2003), S. 149

30 GA 268, S. 191

31 GA 179, S. 57f.

32 vgl. GA 141, S. 56

33 GA 140, S. 305f.

34 Paxino, Dr., Iris: *Brücken zwischen Leben und Tod – Begegnungen mit Verstorbenen.* Stuttgart: Freies Geistesleben (2018), S. 48

35 vgl. GA 9, S. 116

36 entnommen aus Boogert, Arie: *Wir und unsere Toten.* Stuttgart: Urachhaus (2000), S. 120

37 GA 140, S. 267

38 GA 140, S. 267f.

39 GA 140, S. 268

Schlussbetrachtung

1 GA 97, S. 31

2 vgl. GA 141, S. 154f.

3 GA 183, S. 160f.

4 GA 107, S. 256f.

Anhang

1 vgl. etwa GA 140, S. 68

2 entnommen aus Hausen, Ursula: *Den Tod als Freund erleben lernen – Begleitung im Sterben und darüber hinaus.* Stuttgart: Freies Geistesleben & Urachhaus (2003), S. 127

3 Steiner, Rudolf: *Der Tod – die andere Seite des Lebens* (Sonderausgabe, 1994), S. 35

4 Steiner, Rudolf: *Der Tod – die andere Seite des Lebens* (Sonderausgabe, 1994), S. 9

5 Steiner, Rudolf: *Der Tod – die andere Seite des Lebens* (Sonderausgabe, 1994), S. 54

6 Steiner, Rudolf: *Der Tod – die andere Seite des Lebens* (Sonderausgabe, 1994), S. 58

Literaturverzeichnis

Werke von Rudolf Steiner

Alle Werke von Rudolf Steiner wurden von der *»Rudolf Steiner-Nachlassverwaltung«* herausgegeben und sind im *»Rudolf Steiner Verlag«* in Dornach (Schweiz) erschienen. Dort kann auch der *»Katalog des Gesamtwerks«* angefordert werden. Die im Rahmen der Gesamtausgabe bisher erschienenen Bücher sind von der *»Freie Verwaltung des Nachlasses von Rudolf Steiner«* im Internet unter

http://www.fvn-rs.net

bereitgestellt und frei verfügbar (Stand 01.11.2022).

Im Folgenden sind nur diejenigen Werke aufgeführt, die der Verfasser für dieses Buch herangezogen hat.

GA 9   *Theosophie – Einführung in übersinnliche Welterkenntnis und Menschenbestimmung* (Schrift) 2000

GA 35   *Philosophie und Anthroposophie – Gesammelte Aufsätze 1904-1923* 1984

GA 88   *Über die astrale Welt und das Devachan* (19 Vorträge zwischen 28. Oktober 1903 und 25. Februar 1904 in Berlin sowie 4 private Lehrstunden in Berlin) 1999

GA 93a   *Grundelemente der Esoterik* (31 Vorträge zwischen 26. September und 5. November 1905 in Berlin) 1987

GA 94   *Kosmogonie –Populärer Okkultismus – Das Johannes-Evangelium – Die Theosophie anhand des Johannes-Evangeliums* (Zusammenfassung von 18 Vorträgen zwischen 25. Mai und 14. Juni 1906 in Paris und Notizen aus 25 Vorträgen zwischen 19. Februar und 6. November 1906 in Berlin, Leipzig und München) 2001

GA 95   *Vor dem Tore der Theosophie* (14 Vorträge vom 22. August bis 4. September 1906 in Stuttgart) 1990

GA 96   *Ursprungsimpulse der Geisteswissenschaft – Christliche Esoterik im Lichte neuer Geist-Erkenntnis* (20 Vorträge zwischen 29. Januar 1906 und 12. Juni 1907 in Berlin) 1989

GA 97   *Das christliche Mysterium – Die Wahrheitssprache der Evangelien – Luzifer und Christus – Alte Esoterik und Rosenkreuzertum – Erkenntnisse und Lebensfrüchte der Geisteswissenschaft* (Notizen von 31 Vorträgen mit 6 Fragenbeantwortungen zwischen 9. Februar 1906 und 17. März 1907 in Düsseldorf, Köln, Heidelberg, Leipzig, Stuttgart, Karlsruhe, München, Basel, Wien, Landin und Kassel) 1998

GA 174b *Die geistigen Hintergründe des Ersten Weltkrieges – Kosmische und menschliche Geschichte – Siebenter Band*
(16 Vorträge zwischen 30. September 1914 und 26. April 1918 und am 21. März 1921 in Stuttgart) 1994

GA 175 *Bausteine zu einer Erkenntnis des Mysteriums von Golgatha – Kosmische und menschliche Metamorphose*
(17 Vorträge zwischen 6. Februar und 8. Mai 1917 in Berlin) 1996

GA 178 *Individuelle Geistwesen und ihr Wirken in der Seele des Menschen*
(9 Vorträge zwischen 6. und 25. November 1917 in St. Gallen, Zürich und Dornach) 1992

GA 179 *Geschichtliche Notwendigkeit und Freiheit – Schicksalseinwirkungen aus der Welt der Toten*
(8 Vorträge vom 2. bis 22. Dezember 1917 in Dornach) 1993

GA 181 *Erdensterben und Weltenleben –Anthroposophische Lebensgaben – Bewußtseins-Notwendigkeiten für Gegenwart und Zukunft*
(21 Vorträge zwischen 22. Januar und 6. August 1918 in Berlin) 1991

GA 183 *Die Wissenschaft vom Werden des Menschen*
(9 Vorträge zwischen 17. August und 2. September 1918 in Dornach) 1990

GA 207 *Anthroposophie als Kosmosophie – Erster Teil – Wesenszüge des Menschen im irdischen und kosmischen Bereich*
(11 Vorträge vom 23. September bis 16. Oktober 1921 in Dornach) 1990

GA 237 *Esoterische Betrachtungen karmischer Zusammenhänge – Dritter Band – Die karmischen Zusammenhänge der anthroposophischen Bewegung*
(11 Vorträge zwischen 1. Juli und 8. August 1924 in Dornach) 1991

GA 238 *Esoterische Betrachtungen karmischer Zusammenhänge – Vierter Band*
(10 Vorträge zwischen 5. und 28. September 1924 in Dornach) 1991

GA 239 *Esoterische Betrachtungen karmischer Zusammenhänge – Fünfter Band*
(16 Vorträge zwischen 29. März und 15. Juni 1924 in Prag, Paris und Breslau) 1985

GA 243 *Das Initiaten-Bewußtsein – Die wahren und die falschen Wege der geistigen Forschung*
(11 Vorträge vom 11. bis 22. August 1924 in Torquay) 1993

GA 254 *Die okkulte Bewegung im neunzehnten Jahrhundert und ihre Beziehung zur Weltkultur – Bedeutsames aus dem äußeren Geistesleben um die Mitte des neunzehnten Jahrhunderts*
(13 Vorträge vom 10. Oktober bis 7. November 1915 in Dornach) 1986

GA 268 *Mantrische Sprüche – Seelenübungen II, 1903 – 1925*
1999

GA 343 *Vorträge und Kurse über christlich-religiöses Wirken II – Spirituelles Erkennen Religiöses Empfinden Kultisches Handeln*
(29 Vorträge vom 26. September bis 10. Oktober 1921 in Dornach) 1993

SA --- *Der Tod – die andere Seite des Lebens – Wortlaute und Sprüche.*
Sonderausgabe 1994

Buchempfehlungen

Um den Rahmen, den wir uns mit dem vorliegenden Buch gesetzt haben, nicht zu übersteigen, konnten *einige* Themen nur in recht kurzer und mehr aphoristischer Form behandelt werden.

Einem Leser, der dazu umfassendere Informationen wünscht, können die beiden folgenden Bücher empfohlen werden:

Die spirituelle Seite des Todes

**Christus-Impuls, Reinkarnation,
Leben nach dem Tod und
Sinn des Lebens**

© Justen, Josef F. (2019)
BoD-Books on Demand, Norderstedt
ISBN: 978-3-7332-8495-5
Hardcover; 444 Seiten (14,8 × 21 cm); 21,99 €

Inhaltsübersicht

1   **Einleitung**
2   **Geistige Erkenntnisse**
3   **Reinkarnation und Karma**
4   **Der Mensch aus anthroposophischer Sicht**
5   **Das Leben nach dem Tod – Chronologie**
6   **Das Leben nach dem Tod – besondere Aspekte**
7   **Spirituelle Begleitung Sterbender und Verstorbener**
8   **Schlussbetrachtung**

Das Götterprojekt »Mensch«

Entstehung, Wesen und Ziel des Menschen

**Einführung in die grundlegenden Erkenntnisse
der Anthroposophie Rudolf Steiners**

© Justen, Josef F. (2021)
BoD-Books on Demand, Norderstedt
ISBN: 978-3-7534-6343-8
Hardcover; 632 Seiten (17 × 22 cm); 28,99 €

Inhaltsübersicht

Selbstverständlich werden in diesem Buch noch *viele weitere* Themen ausführlich dargestellt.

Beide Werke sind auch als preiswerte E-Books erhältlich.

Umfassende Informationen

zu diesen beiden und

vielen weiteren Büchern

von Josef F. Justen

(Sachbücher, Erzählungen,

Biografien und Kurzgeschichten)

mit ausführlichen Leseproben

finden Sie auf der

offiziellen Autoren-Website:

www.Justen-Buecher.com

Der Tod eines heißgeliebten Menschen
ist die eigentliche Weihe für eine höhere Welt.
Das habe ich in der letzten Zeit
aufs Innigste empfunden.
Man muss auf Erden etwas verlieren,
damit man in jenen Sphären etwas zu suchen habe.

Friedrich Hebbel